나
라
는

벽

마음의 달인 부처가 알려주는
29가지 감정 수업

나
라
는
벽

自分という壁

다이구 겐쇼 지음 · 지소연 옮김

위즈덤하우스

삶은 고통의 연속.
벗어날 수 없다면 현실을 올바르게 통찰하고
가능한 한 즐겁게 살아가야 하지 않겠는가.

독자 여러분, 안녕하세요. 다이구 겐쇼라고 합니다.

저는 아이치현 고마키 시에 있는 불심종 다이소산 후쿠곤지福嚴寺의 주지로서 절을 이끌며 유튜브 등을 통해 날마다 많은 분의 고민에 귀 기울이고 있습니다.

"매일 속상한 일이 많아서 힘들어요."

"지난 일을 계속 후회하느라 마음이 괴로워요."

"사는 게 너무 버거워서 차라리 죽어버리고 싶어요."

전국 방방곡곡에서 다양한 고민이 쏟아져 지금은 2500명가량 되는 분들이 차례를 기다리는 상황이 되었습니다. 줄어들기는커녕 해마다 점점 늘고 있지요. 요즘 시대의 사람들이 얼마나 고달픈 삶을 사는지, 얼마나 쓰라린 마음을 품고 하루하루를 보내는지 생생하게 보여주는 듯합니다.

많은 사람의 고민과 아픔을 피부로 느끼면서 저는 한 가지 사실을 뼈저리게 느꼈습니다. 괴로움은 모두 '같은 곳'에서 비롯됨에도 불구하고 많은 사람이 미처 알아차리지 못하고 있다는 사실 말입니다.

결론부터 말하자면 마음에 움트는 모든 괴로움은 우리 머릿속의 그릇된 생각, 즉 '망상'에서 시작됩니다. 다른 사람과는 조금도 관계가 없지요. 어쩌면 곧장 되묻고 싶어질지도 모릅니다.

"아닌데요! 제가 힘든 건 회사의 못된 상사 때문이라고요."
"바람을 피우는 건 제 남편인데, 왜 제 잘못이라는 거죠?"

하지만 이렇게 생각해봅시다. 회사의 못된 상사나 바람을 피운 남편은 그저 계기일 뿐입니다. 그 결과 나타난 괴로움과 근심은 모두 당신의 마음에서 비롯되었지요.

'그럼 결국 나도 어쩔 수 없는 것 아닌가……'

이렇게 자신이 초라하고 무력하게 느껴질 수도 있지만, 걱정할 필요 없습니다.

이럴 때 힘이 되는 것이 바로 '불교'니까요.

잘못 이해하고 있는 사람도 있을지 모르지만, 불교는 '부처님(부처)을 믿으면 구원받는' 종교가 아닙니다. 붓다란 '진리에 눈뜬 이'를 뜻하는 말로 깨달음을 얻은 석가모니를 이와 같이 부르지요. 이 책에서는 붓다 대신 대중에게 익숙하고 널리 쓰이는 '부처'라는 표현을 사용했습니다.

불교의 테마는 바로 '마음'입니다. 자신의 내면을 마주하고, 마음이 어떻게 움직이고 반응하는지 속속들이 들여다보고, 감정의 변화를 냉정하게 분석해 근심과 괴로움에서 벗어나고 잔잔하고 평온한 마음을 기르는 것이 불교의 목표입니다.

지금으로부터 2500년 전에 시작된 가르침이지만, 아주 합리적이고 실용적이어서 현대를 살아가는 우리에게도 충분히 도움이 되는 이야기이지요. 불교의 사고방식을 이용하면 어떤 근심과 괴로움도 떨쳐낼 수 있습니다.

어지간한 방법으로는 해결할 수 없을 듯한 무거운 문제도 틀림없이 해결의 실마리를 찾을 수 있습니다. 저 또한 지금껏 부처의 가르침에 몇 번이나 구원받았습니다. 크나큰 실패를 맛보고 죽고 싶은 마음이 들었을 때도, 하던 사업이 벽에 부딪쳐 궁지에 몰렸을 때도 불교의 가르침에서 힌트를 얻어 마음을 되돌아보며 몇 번이나 위기를 극복했습니다.

스스로의 마음을 똑바로 들여다보고 바꿔나가려면 용기가 필요합니다. 앞으로 자세히 살펴보겠지만, 헛된 생각과 고정 관념 그리고 다른 사람과 비교하고 싶은 마음 등 자기 안에 있는 다양한 벽을 뛰어넘어야만 하지요. 하지만 그 벽을 치우고 자신의 마음을 온전히 마주하면, 나를 괴롭히는 갖은 고민과 고통에서 벗어날 수 있습니다.

분노, 슬픔, 질투, 불안 같은 부정적인 감정은 사람인 이상 완전히 없애기란 불가능합니다. 그리고 똑같이 '분노'라 불러도 나에게 필요한 화(간직해야 할 화)가 있고 쓸모 없어 버리는 것이 나은 화도 있지요. 둘을 구별하는 일도 중요합니다.

당신을 괴롭히는 불필요한 감정을 온전히 이해하고 적당히 받아들이고 과감히 내려놓을 줄 알면 지금보다 훨씬 홀가분하고 평온한 마음으로 하루하루를 보낼 수 있습니다.

그것은 곧 '마음의 벽'을 뛰어넘는 작업입니다. 그렇게 쉽게 될 리가 없다, 나한테는 어림도 없다, 그런 생각이 들지도 모르지만, 미리 걱정할 필요는 없습니다. 고민을 해결하는 사고 방식을 배우고 아주 조금이라도 실천하다 보면 자꾸만 부정적으로 생각하는 버릇과 사고 습관을 충분히 바꿀 수 있으니까요. 저를 찾아오는 분들도 그렇게 조금씩 고민과 괴로움을 내려놓고 있습니다.

이 책에서는 '마음의 벽'을 뛰어넘는 방법을 소개하고 여러분과 함께 연습해보려 합니다. 뼈대는 불교의 사고법을 바탕으로 한 이야기이지만, 불교에 익숙지 않은 사람도 금방 이해할 수 있도록 쉬운 말과 표현을 사용했습니다.

무릇 인생에는 즐거움보다 괴로움이 훨씬 많습니다.

하지만 그런 삶 속에서도 때로는 고통을 제대로 마주하고 때로는 가뿐히 벗어나는 방법을 익히면 즐겁고 기쁘고 행복한 순간이 점점 늘어날 겁니다.

　이 책이 당신의 인생을 비추는 하나의 불빛이 된다면 더할 나위 없이 기쁘겠습니다.

다이구 겐쇼

차례

1장

괴로움이

싹트는 곳

'이것도 저것도'
갖고 싶다는 마음이
고통의 원점

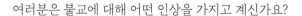

여러분은 불교에 대해 어떤 인상을 가지고 계신가요?

"나무아미타불 염불을 외며 부처님이라는 신을 믿는 종교
아닌가요?"

이렇게 생각하는 사람도 있을지 모릅니다.

하지만 사실은 전혀 다릅니다. 불교란 본디 신에게 기도를
올리거나 부처에게 온전히 의지하는 종교가 아닙니다.

머리말에서 잠시 이야기했듯이 불교의 테마는 '마음'입니다. 자기 내면에 있는 감정을 들여다보고 누구나 마음속에 끌어안고 있는 걱정과 괴로움을 조금이나마 덜어내 밝게 살아갈 수 있도록 힘쓰는 것…… 그것이 부처가 남긴 가르침, 즉 불교입니다. 불교는 신이 아니라 자기 자신이 존재해야만 성립합니다. 이 점이 다른 종교와 크게 다른 부분이지요.

인간에게는 욕망이 있고 그것이 커지면 커질수록 괴로움도 더 크게 자라난다는 사실을 부처는 깨달았습니다.

"좋은 학교에 들어가서 좋은 회사에 취직하고 싶어."
"뛰어난 조건을 갖춘 상대와 결혼했으면 좋겠어."
"돈을 잔뜩 벌어서 저택에서 호화롭게 살고 싶어."

지금 시대로 바꿔 말하자면 이러한 욕망이겠지요.

사람들은 욕망이 충족되면 행복해질 거라고 믿습니다. 그러나 욕망에는 끝이 없습니다. 하나를 손에 넣어도 '이것도 저것도' 전부 다 가지고 싶어지고 자기도 모르게 다른 사람과 비교하고 조금 더 조금 더 바라게 되는 법이니까요. 그리고 이 '조금 더'가 괴로움을 더 깊게 만듭니다.

괴로움의 원인을 바깥에서 찾으려 하는 한 고통은 사라지지 않을뿐더러 행복 또한 손에 넣지 못한다는 사실을 부처는 알았습니다. 그리고 정말 행복해지고 싶다면 자기 내면(마음)으로 눈길을 돌리고 자신의 감정을 다스릴 수 있도록 노력해야 한다고 말했습니다.

다시 말해 '내 마음의 벽'을 뛰어넘으면 자신이 끌어안은 고민을 내려놓고 한결 평온한 마음으로 살아갈 수 있다는 뜻이지요.

☼ 행복의 힌트는 '자기 내면'에 있다

여기서 '노력'은 우리가 생각하는 노력과는 조금 다릅니다. 실제로 많은 사람이 앞서 이야기한 '좋은 ○○'을 손에 넣기 위해, 다른 사람보다 더 많은 돈을 벌어 경제적으로 풍요롭게 생활하기 위해 노력하고 있거나 줄곧 노력하라는 말을 들으며 자라왔습니다.

그런 노력이 모두 잘못된 것은 아니지만, 자신의 외부에 있는 무언가에서 행복을 찾거나 거기에 의존하는 삶은 '조금 더

조금 더'를 갈망하는 고통으로 이어집니다.

반대로 불교의 목표는 자신의 내면을 다스려 마음속에 있는 괴로움을 내려놓을 수 있도록 노력하는 것이지요. 이를 위해 부처는 자신의 마음을 다스리는 방법, 이정표를 제시했습니다.

인생은 일체개고一切皆苦, 곧 모든 것이 괴로움이다. 다시 말해 모든 일은 고통에서 시작되므로 인간은 이를 받아들일 수밖에 없다. 그러려면 지혜를 길러 자신이 끌어안은 괴로움을 내려놓고 밝고 쾌활하게 살아가야 한다.

삶은 고통의 연속. 어차피 노화와 병과 죽음의 고뇌에서 벗어날 수 없다면 현실을 올바르게 통찰하고 가능한 한 즐겁게 살아가야 하지 않겠는가.

알기 쉽게 설명하자면 이런 메시지를 남긴 셈입니다.

불교는 "신의 가르침에 따르기만 하면 행복해질 수 있다", "뭔가를 믿으면 구원받을 수 있다"라고 말하는 종교가 아닙니다. 어떻게 생각하고 실천해야 번뇌와 고통에서 벗어날 수 있는지 알려주는 사고법과 실천법이지요.

5장에서 자세히 설명하겠지만, 불교는 인간의 괴로움에 대해 악한 마음과 부정적인 감정(이를 '해로운 심소心所'라 부른다)을 버리고 선한 마음과 긍정적인 감정(이를 '아름다운 심소'라 부른다)을 길러야 한다는 처방을 내립니다.

단순히 증상에 대처하는 대증요법이 아니라 병의 원인을 제거하는 원인요법인 셈이지요. 모두 실천하기는 어려워도 조금이나마 이루어낸다면 지금보다 한결 살기 좋은 세상이 눈앞에 펼쳐집니다.

2500년 전의 지혜가
오늘의 고민을 떨칠
도구가 된다

"불교의 사고방식은 아들러 심리학과 무척 비슷하네요."

이렇게 말하는 사람이 종종 눈에 띕니다. 특히 이제 막 불
교 공부를 시작한 사람 가운데 이런 생각을 가진 분이 많은 듯
합니다. 하지만 실제로는 순서가 정반대입니다. 불교가 아들
러 심리학을 닮은 게 아니라 아들러 심리학이 불교를 닮은 것
이지요.

심리학자 알프레드 아들러는 1870년에 태어났고 20세기에 들어선 이후 아들러 심리학을 세상에 내놓았습니다. 반면 부처가 불교를 확립한 것은 지금으로부터 약 2500년 전인 기원전 5세기 무렵이었습니다.

'마음의 평온을 얻기 위해 어떻게 괴로움을 떨쳐낼 것인가'라는 기본 주제는 같지만, 학문으로서 그려온 역사는 길이가 사뭇 다르지요.

아들러가 활약한 시대에는 유럽에서도 불교에 대한 연구가 활발하게 이루어지며 많은 학자에게 영향을 미쳤으니 아들러 또한 불교의 영향을 많이 받았을지도 모릅니다.

☼ 불교의 기본자세는 '삼장'을 습득하는 것

불교에는 '삼장三藏'이라 불리는 학문 체계가 존재합니다. 삼장은 불교를 공부할 때 반드시 필요한 자세이자 습득해야 할 학문을 가리키는 말로, '경經·율律·논論'이라는 세 가지 경전으로 이루어져 있지요.

먼저 《경장》은 '부처의 가르침'을 뜻합니다. 35세의 나이로 진리를 터득한 부처는 80세에 세상을 떠나기까지 45년간 각지를 다니며 가르침을 알리고 많은 사람을 고통에서 구했습니다. 그런 부처를 그림자처럼 따르며 누구보다도 열심히 부처의 가르침에 귀 기울인 제자가 아난다였습니다. 부처가 세상을 떠난 뒤 제자들은 아난다를 중심으로 부처의 가르침을 모아 경장을 만들었지요.

《율장》은 지켜야 할 집단의 규칙을 나타냅니다.

> 혼자는 나태해지고 둘은 다투어 사이가 어그러지며 셋은 둘과 하나로 나뉘어 대립한다. 그러니 넷 이상 모여 서로 돕고 격려하며 수행한다.

부처는 이런 방법을 제자들에게 권했습니다. 불교에서는 수행자들의 집단을 '승가'라 부릅니다. 4명이 넘는 사람이 모이면 나고 자란 환경과 사고방식이 저마다 다르기 마련이니 모두가 적절히 양보하며 다투지 않고 생활하기 위해서는 규칙이 필요하지요. 그것이 바로 율장입니다.

마지막으로 《논장》은 경과 율을 풀어낸 책 또는 경과 율을 연구하고 해석한 제자들이 이론을 독자적으로 정리한 것을 가리킵니다.

'경·율·논'을 모두 일컬어 '삼장'이라 부르고 삼장에 모두 통달한 승려를 삼장법사라 말합니다. 삼장법사라 하면 중국 소설《서유기》에 나오는 등장인물로 유명하지만, 사실 그건 고유명사가 아닙니다. 삼장에 통달한 법사로 역사에 이름을 남긴 사람은 적지 않으니까요.

❁ 불교에는 괴로움을 내려놓는 해답이 담겨 있다

자, 이제부터가 본론입니다.

삼장의 마지막 경전인《논장》가운데 인간의 마음을 낱낱이 분석한 <아비달마>라는 해설서가 있습니다. 이해하기 쉽게 표현하자면 불교 심리학의 교과서라 할 수 있지요. 이 <아비달마>에 담긴 괴로움에서 벗어나는 방법을 되도록 어려운 불교 용어를 쓰지 않고 쉽게 풀어낸 것이 이 책이라고 생각하면 됩니다.

'과연 2500년 전의 가르침이 지금도 통할까?'

문득 의문이 들지도 모릅니다.

하지만 걱정할 필요는 없습니다. 여전히 의미와 가치가 있기에 불교는 지금껏 스러지지 않고 길이길이 이어져 왔으니까요. 그리고 역사상의 많은 심리학자도 불교에서 힌트를 얻었습니다.

불교에는 우리가 끌어안고 있는 괴로움과 고민이 어떻게 만들어지고 어떤 특성을 가지고 있으며 몸과 마음에 어떤 악영향을 미치는지 체계적이고도 더없이 논리적으로 정리되어 있습니다.

그리고 "어떻게 괴로움에서 벗어날 것인가?" 하는 물음에 대한 해결책을 더할 나위 없이 세세하고 조리 있게 보여줍니다.

게다가 불교에서 다루는 내용은 현대의 과학자들이 많은 연구와 조사를 거쳐 밝혀낸 사실이나 심리학자들이 당연하게 이야기하는 지금의 상식과 긴밀하게 이어져 있습니다. 부처는 2500년도 앞선 시점에 이미 훨씬 높은 영역에 도달해 있었다는 뜻이지요.

☼ 부처는 마음의 달인

놀라운 플레이를 선보이는 프로 축구 선수들은 축구의 달인입니다. 맛 좋은 요리로 이름난 셰프들은 요리의 달인이고요. 부처는 말하자면 '마음의 달인'이며, 부처의 가르침을 익히고 실천하여 고통받는 사람들에게 전하는 것이 우리 승려들의 역할입니다. 불교를 하나의 학문처럼 공부하는 것이 아니라 마음을 다스리는 훈련과 같이 끊임없이 거듭하는 것. 그것을 수행이라고 부릅니다.

특별히 심리학을 공부하지는 않았음에도 저의 유튜브 채널 '다이구 스님의 일문일답'에서 많은 사람의 고민에 귀 기울이고 말을 건넬 수 있는 것 또한 부처의 가르침을 익히고 수행한 덕분입니다.

앞으로 이 책에서 전할 내용도 여러분의 괴로움과 불안을 떨치는 데 분명 도움이 되리라 믿습니다. 부처가 이끌어낸 답은 그만큼 실용적이고 효과적이니까요.

말 자체는 조금 어려워 보이지만, 부처의 가르침을 간결하고 알기 쉽게 간추린 칠불통계게七佛通戒偈라는 게문(부처님의 가르침을 시·노래 형식으로 만든 글귀)이 있습니다.

제악막작諸惡莫作 : 나쁜 짓을 저지르지 말고

중선봉행衆善奉行 : 선한 일을 행하여

자정기의自淨其意 : 자신의 마음을 깨끗하게 하는 것이

시제불교是諸佛教 : 깨달음을 얻은 모든 부처의 가르침이다.

"그렇다면 나쁜 짓이란 무엇일까요? 선한 일은 또 무엇이고요? 여기서 말하는 건 정확히 뭘 가리키나요?"

칠불통계게를 이야기하면 흔히 이런 질문들이 나옵니다.

우선 여기서 말하는 선악에는 도덕적으로 옳고 그르다는 의미가 담겨 있습니다. 그와 동시에 선은 '지혜로움'이며 악은 '어리석음'을 가리킵니다.

도덕을 지키며 살라.

어리석은 삶을 그만두고 지혜롭게 살아가라.

그리고 마음을 깨끗하게 하라.

부처가 하려 했던 말은 바로 이런 뜻이었습니다.

하루하루 일상생활을 하다 보면 자기도 모르게 무의식중에 하는 행동이 생각보다 많습니다.

걷는 동작 하나만 예로 들어도 오른발, 왼발 번갈아 내디디며 몸의 중심과 균형을 무너뜨렸다가 바로잡기를 계속해서 반복하지요. 우리는 걷는 동작을 하나하나 머리로 생각하지 않아도 자연히 감각에 따라 움직입니다.

하지만 앙금앙금 바닥을 기던 아기가 두 발로 아장아장 걷기까지는 제법 많은 시간과 노력이 필요합니다. 조금씩 움직이는 요령을 익힌 끝에 자리에서 일어나 마침내 걸음을 떼게 되지요. 이와 마찬가지로 아무렇지 않게 하는 행동도 작은 일들이 쌓이고 쌓여 얻은 결과입니다.

그런데 만약 우리가 무의식중에 하는 습관 가운데 어리석은 행동이 있다면 어떨까요? 자기도 모르는 사이에 어리석은 일을 거듭해 왔다면? 어쨌든 무의식중에 하는 행동이니 고치기가 쉽지는 않습니다.

그럼 어떻게 해야 할까요?

무의식의 상태에서 의식으로 끌어올리면 됩니다. 핵심은 어리석은 일을 자기 스스로 인식하는 데 있습니다.

※ 믿음을 바꾸면 운명이 바뀐다

"저 사람은 왠지 모르게 말투가 거슬려요."

"무슨 말을 하고 싶은지는 알겠는데, 말투가 과격해서 대화

할 때마다 기분이 나빠요.”

평소 인간관계에서 제법 많은 사람이 이런 감정을 느낍니다. 다른 사람에게 자기 뜻을 전하는 데 미숙한 사람은 설령 옳은 말을 하더라도 상대에게 나쁜 인상을 줍니다. 목소리의 톤, 행동거지, 입버릇 등 무의식중에 드러나는 점이 대부분이어서 본인은 알아채기도 어렵지요.

말투는 겉으로 드러나는 것이니 다른 사람이 알아차리거나 지적해주면 조금씩 고칠 수 있습니다. 하지만 생각하는 습관은 오직 본인만 알 수 있으니 ‘지혜로움’을 얻으려면 스스로 어떤 부분에 서툰지 깨달아야만 합니다.

마하트마 간디의 유명한 말 중에도 이런 내용이 있습니다.

믿음이 바뀌면 생각이 바뀌고, 생각이 바뀌면 말이 바뀐다.

말이 바뀌면 행동이 바뀌고, 행동이 바뀌면 습관이 바뀌며,

습관이 바뀌면 인격이 바뀌고, 인격이 바뀌면 운명이 바뀐다.

우리는 자기 앞에 놓인 운명만 보고서 불행하다며 한숨 쉬곤 합니다. 하지만 한탄만 해서는 아무것도 나아지지 않습니

다. 가장 중요한 뿌리인 '믿음'을 바꾸지 않으면 그 너머에 있는 운명을 바꿀 수 없으니까요.

우리가 가진 믿음, 즉 신념은 부모나 친구, 지인, 대중매체 등 주변을 둘러싼 많은 것에서 영향을 받으며 자신도 알아차리지 못하는 사이에 만들어집니다. 누구나 무의식 속의 믿음을 토대로 생각하고 말하고 행동하지요. 그리고 그것이 사람의 인격과 운명을 결정짓습니다.

부처는 인간의 바탕이 되는 믿음과 사고 체계를 바꾸려 했습니다.

어린 시절부터 조금씩 쌓아온 신념이니 물론 바꾸기가 쉽지는 않습니다. 하지만 스스로의 운명을, 인생을 진심으로 바꾸고 싶다면 거기로 되돌아가는 수밖에 없습니다. 거꾸로 말하면 뿌리부터 바꾸어 지금 안고 있는 괴로움과 근심을 모두 내려놓을 수 있다는 뜻이지요.

예를 들어 주변 사람과의 소통에 서툴러서 사람을 잘 사귀지 못하거나 인간관계가 원만하지 않아 고민하고 있다고 가정해봅시다. '나는 하필 이런 성격을 타고나서 너무 불행해', '아무와도 친해지지 못할 거야' 하고 운명만 탓해서는 아무것도 바꿀 수 없습니다.

그럴 때 이런 믿음을 가진다면 어떨까요?

'사람들에게 감사하는 마음을 가지고 내 마음을 조금씩이라도 표현해보는 거야.'

사소한 일에도 감사함을 느끼고 "고맙습니다"라고 소리 내어 말하는 겁니다. 그러다 보면 당신을 대하는 주변 사람들의 태도와 평가가 달라지고 다른 사람이 먼저 말을 걸거나 친하지 않았던 상대와도 대화의 물꼬가 트일지도 모릅니다.

'다른 사람에게 감사하자'라는 믿음으로 생각을 바꾸고 말을 바꾸고 행동을 바꾸고 습관을 바꾸자 인격이 달라지고 운명도 바뀐 셈이지요.

불교란 자기 자신을 돌아보기 위한 '깨달음의 기술'을 한데 모은 꾸러미와 같습니다.

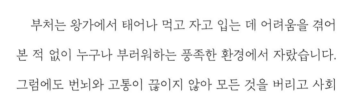

부처는 왕가에서 태어나 먹고 자고 입는 데 어려움을 겪어
본 적 없이 누구나 부러워하는 풍족한 환경에서 자랐습니다.
그럼에도 번뇌와 고통이 끊이지 않아 모든 것을 버리고 사회
에 개혁을 일으키고 불교의 창시자가 되었습니다.

인간이 인간으로 존재하는 이상 벗어날 수 없는 숙명이 있
습니다. 어떤 사람이든 내면에 고민과 아픔이 도사리고 있다
는 사실 말이지요.

저도 '다이구 스님의 일문일답'이라는 유튜브 채널을 통해

전국의 많은 사람과 상담을 하면서 이런 숙명을 뼈저리게 실감했습니다.

"평생 써도 남을 만큼 막대한 유산이 있어요."
"좋은 집에 살고 있고 남편은 상장 기업의 임원이고 아이는 명문고에 다니죠."

이토록 남부럽지 않은 환경에서 생활하는 사람들도 많은 고충을 털어놓습니다. 호화롭게 잘사는데 무슨 근심과 괴로움이 있나 싶을지도 모르지만, 놀랍게도 이렇게 고민하는 사람이 적지 않습니다.

그들은 이렇게 말합니다.

"제가 대체 뭘 위해 사는지 모르겠어요."

뭘 먹든 어떤 옷을 입든 아무것도 느껴지지 않는 괴로움.

가령 많은 나라가 전쟁으로 고통받았던 80여 년 전의 세계와 비교하면 우리는 더는 굶주리지도, 입을 옷이 없어 근심하지도 않습니다. 전쟁이 끝난 뒤에는 냉장고, 세탁기, 흑백텔레

비전 등이 보급되고 생활을 한결 편리하게 만들어주는 가전 제품이 눈부시게 진화했고요. 휴대전화도 얼마 전까지는 매우 값비싸고 귀한 물건이었지만, 지금은 초등학생도 당연하게 스마트폰을 가지고 있을 정도이지요.

부처가 살던 시대에서 보면 지금 모두가 놓인 상황은 그야말로 왕족의 호화로운 생활이라 해도 과장이 아닙니다. 하지만 "매일 행복하게 지내십니까?", "고민은 없으신가요?" 하고 물으면 모두가 저마다 불만을 털어놓습니다.

이토록 많은 것이 편리해지고 살기 좋은 세상이 되었음에도 사람들은 결코 행복을 느끼지 못합니다. 언제든 어디서든 누구에게든 피할 수 없는 고민과 괴로움이 있습니다.

∷ 부와 명예를 얻어도 해결되지 않는 괴로움이 있다

지금 사람들의 가치관으로 보았을 때 '이것을 얻으면 행복해진다'고 믿을 수 있는 생활과 환경을 손에 넣는다 해도 고민과 괴로움은 반드시 모습을 드러냅니다. 부를 얻고 많은 재산을 모아도 '조금 더 조금 더' 바라는 우리 마음속의 욕망은 영원히 채워지지 않을 테니까요.

성공을 거두고 화려하게 살아가는 듯 보이던 유명인이 갑자기 자살했다는 소식이 들려오면 "그 사람이 그럴 리가"라는 말이 저절로 흘러나오기도 합니다.

예전에 음반 회사의 의뢰를 받아 프로모션의 일환으로 유튜브에서 미국의 싱어송라이터 빌리 아일리시의 신곡을 소개한 적이 있습니다.

빌리 아일리시는 심각한 우울증에 시달려 자살을 생각할 정도로 마음이 위태로웠다고 합니다. 19세의 나이에 최연소 아티스트로서 그래미상에서 2년 연속 올해의 레코드상을 수상할 만큼 눈부신 경력을 지녔는데도 말이지요.

전 세계에서 주목받는 엄청난 스타, 화려한 경력과 어마어마한 인기를 모두 손에 쥔 아티스트임에도 극심한 우울에 시달릴 만큼 저마다 고민과 괴로움이 있습니다. 연예인뿐만 아니라 프로 스포츠 선수나 의사 등 누구나 우러러보고 부러워하는 직업을 가진 사람도 남들이 보는 모습과 달리 커다란 갈등을 안고 살아가는 경우가 많습니다.

자기도 모르게 선망하게 되는 사람, 부족한 것이 없어 보이는 사람에게도 사실은 남모를 고민과 아픔이 있다는 뜻이지요. 그리고 그 고민과 아픔이 쉬이 사라지지 않기에 우리는 마음의 구조를 이해하고 단단히 지켜내야 합니다.

괴로움 또한

제행무상이다

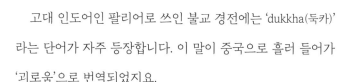

고대 인도어인 팔리어로 쓰인 불교 경전에는 'dukkha(둑카)'
라는 단어가 자주 등장합니다. 이 말이 중국으로 흘러 들어가
'괴로움'으로 번역되었지요.

'괴로움'이라는 말을 들으면 사람들은 분노, 미움, 슬픔 등
과 같은 부정적인 감정을 떠올립니다. 하지만 기쁨과 즐거움
처럼 언뜻 보기에 긍정적으로 느껴지는 감정, 바람직하게 여
겨지는 감정도 사실은 둑카, 즉 괴로움입니다.

기쁨도 즐거움도 모두 괴로움이다.

부처는 이렇게 말했습니다.

'대체 그게 무슨 말이지?' 하고 순간 머릿속이 복잡해질지도 모릅니다. 하지만 둑카는 결코 부정적인 표현이 아닙니다. 둑카란 '멈추지 않고 끊임없이 변화하는 상태'를 나타내는 말이니까요.

사람들은 '기쁨의 반대는 괴로움'이라고 흑과 백으로 판단하려는 경향이 있습니다. 하지만 기쁨도 괴로움도 마음속에 잠시 나타났다 사라지는 자극, 변화하는 자극에 지나지 않습니다.

좌우로 왔다 갔다 움직이는 진자의 원리로 생각해보면 이해하기 쉽습니다. 감정이 부정적인 방향으로 기울어지면 괴로워지고 긍정적인 방향으로 기울어지면 기쁨이 되지요.

사실 이 기쁨이라는 감정은 영원하지 않습니다. 예를 들어 좋아하는 사람에게 용기 내어 고백했더니 상대가 마음을 받아주었다고 해봅시다. 더할 나위 없이 행복한 일이니 기쁨도 폭발하듯 솟아나겠지요. 이 사랑이 천년만년 계속되기를 진심으로 바랄 겁니다.

하지만 연애란 즐거운 일만 가득하지 않으며 대부분은 언제가 이별이 찾아옵니다. 사랑하면 사랑할수록, 소중한 추억이 많으면 많을수록, 상대를 잃었을 때 밀려오는 슬픔도 커져서 마치 진자의 운동처럼 괴로움이 도사리는 방향으로 추가 거세게 치우치지요.

결국 마음이 가장 잔잔한 것은 추가 기쁨과 슬픔 어느 쪽으로도 기울어지지 않고 가만히 일직선을 이루는 때입니다.

불교에서 말하는 '마음의 평안(행복)'이란 늘 자신의 마음을 들여다보고, 내면에서 일어나는 진동을 인식하고, 마음을 평온한 상태로 만들어나가는 것을 가리킵니다.

☼ 즐거움도 괴로움도 영원히 지속되지는 않는다

연애를 할 때 언제나 갓 사귀기 시작한 듯이 뜨거운 관계가 유지되어야 바람직하다고 여기는 사람은 사귀는 기간이 길어질수록 괴로워집니다. 일을 할 때는 '자존감이 높아야 해!', '항상 긍정적으로 생각해야지!' 하고 애쓰는 사람은 생각과 다른 자기 모습에 속상해합니다.

기쁨과 슬픔에는 절댓값이 없습니다.

언제까지나 연인과 열렬한 사이이고 싶다, 자존감이 높은 사람이 되어야 한다, 매일 긍정적인 마음가짐으로 살아야 한다. 이렇게 세상이 더 훌륭하고 바람직하다고 이야기하는 모습을 정답처럼 여기고 살면 오히려 행복과 멀어지고 맙니다.

물론 기쁠 때는 마음껏 기뻐해도 됩니다. 다만 그 기쁨도 영영 계속되지는 않는다는 점을 이해해야 하지요.

반대로 '지금처럼 앞으로도 계속 불행하면 어쩌지……'라는 생각에 근심하는 사람도 무척 많습니다. 하지만 걱정하지 않아도 됩니다. 괴로움 또한 영원히 지속되지는 않으니까요.

불교에서는 이 세상의 모든 존재는 '일시적'이라고 이야기합니다. 모든 것은 한시도 같은 모습을 유지하지 않고 끊임없이 변화한다고 말이지요. 이런 진리를 '제행무상諸行無常'이라고 말합니다.

어떤 것도 영원히 지속되지는 않습니다.

즐거움이 있으면 괴로움이 있다, 그러나 괴로움이 있으면 즐거움이 있기 마련이라는 이야기이지요. 또한 즐거움과 괴로움은 본래 자기 내면에서 비롯됩니다. 결국 스스로 관리할 수 있는 범위 안에 있다는 말이지요.

우선 마음의 구조를 알아보는 데서부터 시작해봅시다.

괴로움은
'내 마음'이 만들어낸다

모든 괴로움은 본인의 내면에서 비롯됩니다. 자신의 마음이야말로 고통을 낳는 제조 공장인 셈이지요.

그렇다면 대체 무엇 때문에 마음속에서 괴로움이 싹트는 걸까요? 괴로움을 낳는 '나라는 존재'는 과연 무엇일까요?

우리가 '나'라고 일컫는 존재는 다른 말로 '자아'라 불립니다. 자아란 본능을 바탕으로 한 절대 지워지지 않는 하나의 감정과 생각을 가리킵니다. 사람들이 이 세상에서 가장 귀하게 여기고 무엇보다 우선시해야 한다고 믿어 마지않는 존재가 다른 누구도 아닌 '나'이지요.

'나'라는 가장 중요한 존재가 위협받거나 상처를 입거나 몹시 위험한 상황에 빠졌을 때 인간은 스스로를 본능적으로 지키려 합니다. 인간뿐만 아니라 다른 모든 생물도 마찬가지이고요.

이런 방어 본능을 '아我' 또는 '자아'라고 하는데, 이것이 곧 우리가 인식하는 '나'이며 괴로움의 원인인 '자신'입니다.

❀ 자기 탓이라고 말하는 사람이야말로
   스스로를 사랑한다

스스로 의식하지는 못하지만, 사람들은 자기 자신을 무척 소중히 여깁니다.

"나 자신이 너무너무 싫어."
"죽어버리고 싶을 만큼 내가 싫어."

이런 생각을 가진 사람도 예외가 아니지요.

스스로 목숨을 끊고 싶을 만큼 강렬한 충동에는 사실 강한 자아, 즉 자신 자신을 아끼는 정신이 작용합니다. 그런 마음을 드러내기 위해 자살을 생각하게 된다 해도 과언이 아니지요. '너무나 소중해 가장 아껴야 할 자신'을 인정받지 못했다는 뜻이라고 볼 수도 있습니다.

사랑하던 남자친구에게 버림받아 죽음을 결심한 여성이 있다고 예를 들어봅시다.

여성이 자살을 결심한 이유는 남자친구 때문이 아니라 가장 소중히 여겨야 할 '나'라는 존재가 버림받았다는 사실을 용납할 수 없어서입니다. 다시 말해 스스로를 너무나 아끼기에 '그가 나를 업신여겼다'는 현실을 받아들이지 못하는 것이지요. 너무나 강한 자아가 내 뜻대로 되지 않는 현실에 반발해서 스스로를 괴롭히게 되는 셈입니다.

사람들은 누구나 자신이 언제든 최고의 대우를 받아야 한다는 헛된 생각을 품고 있습니다.

누구보다 사랑받아야 하고 인정받아야 하며 내 주장과 생각을 모두가 받아들여야 한다고 말이지요. 이런 망상이 크게 부풀어 오를수록, 내용이 구체적일수록 에너지도 점점 커져서 '나를 소중히 여기지 않는다'는 사실에 대한 반동도 더욱 크게 돌아옵니다.

∷ 모두 자기 자신이 가장 소중하다

연애에 얽힌 문제 때문에 누군가 크게 다치거나 목숨을 잃는 사건이 소설 속에서도 현실에서도 셀 수 없이 일어나고 있습니다. 이른바 '데이트 폭력'이지요.

어떤 이들은 사랑했던 상대를 죽이고 싶을 만큼 증오하게 되거나 앞서 예로 든 이야기처럼 자신의 존재를 이 세상에서 지워버리고 싶어 합니다. 타살도 자살도 결국 사람을 해치는 일이니 대상이 상대이냐 자신이냐만 다를 뿐이지요.

어떤 일에 실패하거나 연인과 헤어지는 것처럼 자신의 예상, 즉 망상과 다른 방향으로 일이 굴러갔을 때 사람은 분노와 슬픔 같은 감정에 휩싸입니다.

자아는 누구나 지닌 방어 본능이자 무의식의 작용이므로 무엇보다 자신의 마음과 모두에게 있는 '아'라는 존재 그리고 거기 담긴 에너지와 감정이 얼마나 강한지 이해해야 합니다.

아무리 수행을 쌓아도 부처처럼 '아'를 완전히 없앨 수 있는 사람은 없습니다.

여러분이 자신을 귀하게 여기듯이 다른 사람 역시 자기 자신이 귀합니다. 그 점을 오롯이 인식하면 자연히 다른 사람에 대한 깊은 공감과 배려가 배어나지 않을까요?

자신의 '자아'만 중요하게 여기지 말고 모든 일에 자신을 대입해보고 내가 그 사람의 입장이라면 어떨지 헤아려보는 습관을 기릅시다.

비교하고 싶은
욕구, 교만

　괴로움을 낳는 커다란 요인인 자기방어 본능, 즉 '자아'에 대해 알아보았습니다.

　그런데 괴로움의 주된 요인은 그게 전부가 아닙니다. 다른 사람과 비교하고 싶은 충동도 뒤이어 언급되곤 하지요. 불교에서는 이런 마음의 움직임을 '만慢'이라고 이야기합니다.

　앞서 살펴본 자아와 한 세트를 이루면 '아만我慢'이 되지요. 우리가 흔히 쓰는 말로는 '교만'이라고도 할 수 있고요.

교만을 자세히 들여다보면 매우 다양한 종류로 분류할 수 있지만, 깊이 파고들어 설명하면 끝이 없으니 아쉽지만 생략하겠습니다. 교만은 크게 아래의 세 가지로 나뉜다는 점만 알아두어도 충분합니다.

> 내가 그 사람보다 뛰어나다고 생각하는 교만.
>
> 나는 그 사람과 비슷한 수준이라고 생각하는 교만.
>
> 나는 그 사람보다도 못하다고 생각하는 교만.

사회적 동물인 인간은 집단생활을 하게 된 뒤부터 누구나 이 점을 의식하며 하루하루를 보내왔습니다. 아니, 의식이라기보다는 자기도 모르는 사이에 이런 생각에 마음을 지배당했다고 표현하는 쪽이 옳겠지요.

혼자라면 자기만 생각해도 괜찮지만, 무리가 생기면 자연히 다른 사람이 시야에 들어오기 마련입니다. 자신에게 해를 끼치는 사람은 없는지, 혹시 무리의 질서를 어지럽히는 사람이 있는지 점점 신경이 쓰이기 시작해서 타인의 행동을 지켜보거나 자기와 비교하게 되지요.

바로 여기서 교만이 싹트기 시작합니다. 그리고 이런 마음의 움직임은 이후 자세히 다룰 부러움, 질투, 멸시 같은 괴로운 감정을 낳는 원인이 됩니다.

∷ 사람은 누구나 끊임없이 비교한다

자신은 다른 사람 따위는 신경 안 쓴다고, 다른 사람이 뭘 하든 상관없다고 생각하는 사람도 있을지 모릅니다. 하지만 교만에 관한 구체적인 사례를 살펴보면, 누구나 많든 적든 공감 가는 부분이 있을 겁니다.

길을 걷다가 비슷한 또래로 보이는 사람과 마주쳤을 때 자기도 모르게 나보다 멋져 보인다든지 옷차림이 세련되어 보인다든지 촌스러워 보인다며 속으로 비교한 적이 있지 않으신가요?

키가 크다, 작다, 거의 비슷하다.

얼굴이 잘생겼네, 그저 그렇네, 비슷한 수준이네.

머리숱에 자신감이 없는 사람이라면 나보다 머리숱이 적다, 많다, 도토리 키 재기다.

몸매가 신경 쓰인다면 나보다 말랐네, 뚱뚱하네, 비슷비슷하네.

이처럼 인간은 어떤 일에 관해서든 다른 사람과 견주지 않고는 견디지 못하는 생물입니다.

자녀를 둔 부모들 사이에서도 같은 일이 벌어집니다.

'우리 애가 더 예쁘고 머리도 좋아.'

'저 집 애보다는 우리 애가 당연히 운동 신경이 좋지.'

모두 머릿속으로 같은 생각을 떠올리고 있지요.

동창회나 결혼식에서 오랜만에 옛 친구를 만나도 마찬가지입니다.

"그래서 넌 어디에 취직했는데?"

"○○은 아직 결혼 안 했지?"

이렇게 직접 입 밖에 내서 질문(확인)하면서까지 자기와 비교하려 애쓰는 사람도 드물지 않습니다.

기업을 이끄는 대표들이 한데 모이면 서로 회사의 규모나 연 매출을 떠보느라 여념이 없습니다. 작가나 편집자가 모이면 상대가 지금까지 만든 책이 얼마나 팔렸는지 몹시 궁금해할 테고요. 유튜버가 모이면 채널 구독자 수와 동영상 재생 횟수를 가지고 시끌벅적 떠들어댑니다. 그야말로 24시간 '교만'으로 가득하지요.

☼ 교만이 나쁜 감정을 만들어낸다

과거에는 저 또한 교만으로 그득했습니다.

학창 시절 가라테라는 무술을 연마한 저는 늘 '나보다 강한가, 비슷한가, 약한가'라는 기준으로 다른 남성들을 바라보았습니다.

제가 다닌 고마자와대학 주변의 대중목욕탕에 갈 때면 특히 더 그랬습니다. 가까이에 니혼체육대학이 자리하고 있어 목욕탕에는 자연히 강인한 육체가 돋보이는 운동선수들이 모여들었습니다.

목욕탕에서 근육이 울퉁불퉁한 남성들이 옆에 앉으면 늘

'이 녀석은 나보다 강할까? 약할까?' 생각하기 바빴습니다. 아마 상대도 똑같이 저를 보며 점수를 매기고 있었겠지요.

격투기 선수라면 흔히 있는 일이지만, 아주 전형적인 교만이라 할 수 있습니다.

이처럼 사람은 누구나 자신과 타인을 비교하며 살아갑니다. 그리고 상대와 자신을 끊임없이 견준 결과 '부럽다', '배 아프다', '불쌍하다', '한심하다', '딱하다' 같은 자만, 질투, 부러움, 멸시 등의 나쁜 감정이 만들어지지요. 그것이 곧 고민과 괴로움의 원인이 됩니다.

교만은 우리가 의식하지 못하는 사이에 작용하므로 완전히 떨쳐낼 수는 없습니다. 하지만 자신이 교만에 지배당하고 있음을 깨닫고 조금씩 억제하는 것은 가능하지요.

이 책에서 방법과 기술을 자세히 소개할 테니 지금보다 평온한 마음을 얻기 위해 할 수 있는 방법부터 조금씩 실천해봅시다.

마음을 좀먹는

세 가지 독

'욕심·분노·무지'

자아와 교만 같은 본능에서 비롯되는 감정.

이것을 불교에서는 '번뇌'라 부릅니다. 이 번뇌가 우리에게 나쁜 감정을 불러일으키는데, 이번에는 이를 부추기는 세 가지 요소에 대해 알아보려 합니다.

어떤 대상을 이로운 방향으로 이끄는 것을 주로 약에 비유한다면, 이 세 가지는 정반대로 작용하니 독과 같다고 생각하면 됩니다. 아니, 그냥 독이 아니라 맹독이라는 표현이 적절할지도 모르지요.

부처는 이 세 가지 요소에 '탐貪', '진瞋', '치痴'라는 이름을 붙여 인간의 육체와 정신, 나아가 인생을 망치는 '삼독三毒'이라고 정의했습니다. 고뇌에서 원만하게 벗어나려면 탐진치의 원리를 이해하고 스스로를 냉정한 눈으로 바라보아야 합니다. 원인을 모르면 문제에 제대로 대처할 수조차 없으니까요.

※ 욕심, 분노, 무지는 한 세트

'탐'은 욕심을 가리키며 '탐욕'이라고도 불립니다.

뭔가를 갖고 싶은, 끊임없이 뭔가를 추구하고 싶은, 좋아하는 대상에 가까이 다가가거나 자신에게 다가오기를 바라는 충동, 즉 에너지라고 생각하면 됩니다. 좋아하는 사람, 돈, 물건, 사회적 지위 등 대상은 한없이 다양합니다. 대상이 자석의 S극이라면 자신은 안간힘을 다해 N극이 되고자 하는 욕구가 곧 '탐'이지요.

'진'은 분노를 가리키는 말입니다. 불교에서는 '진에'라 부르기도 합니다.

욕심과 반대로 싫어하는 대상을 멀리하고 곁에서 떼어놓기를 바라는 에너지이지요. 대상이 자석의 S극이라면 자신도 S극, 상대가 N극이라면 자신도 N극이 되고 싶어 하는 감정이 진입니다.

마음에 들지 않으니 멀리하고 싶다. 하지만 멀리하지 못한다. 그래서 화가 난다. 이런 감정의 흐름을 상상하면 이해하기 쉽습니다.

마지막으로 '치'는 무지를 의미하며 불교에서는 주로 '우치'라고 부릅니다.

지혜가 없어 어떻게 해야 할지 모르는 탓에 몸과 마음이 불안정해지는 상태, 또는 지혜가 부족해 어리석은 행동을 저지르는 상태. 그런 마음 상태를 떠올리면 됩니다. 탐과 진을 설명했듯이 에너지에 비유하면, 갈 곳을 잃고 갈팡질팡 제자리를 맴도는 모습이라고 표현할 수 있습니다.

☼ 세 가지 번뇌가 불러일으키는 악순환

욕심·분노·무지는 각각 성격은 다르지만, 사실 서로 밀접하게 얽혀 있습니다.

욕심(탐)을 채우지 못해 분노(진)가 차오른다.

분노(진)가 차올라도 무지(치) 때문에 가라앉힐 방법을 알지 못한다.

무지(치) 탓에 현실과 자신의 본질을 이해하지 못해 새로운 욕심(탐)이 생긴다.

이 과정이 한없이 되풀이되지요.

오늘날에는 뇌 과학의 발전으로 인간의 심리가 어떤 원리로 작용하는지 어느 정도 과학적으로 설명할 수 있게 되었습니다. 그런데 부처는 2500년도 전에 이미 인간의 마음에서 일어나는 악순환을 스스로 알아차렸습니다.

나쁜 감정을 품으면 심장이 두근거리고 피가 거꾸로 솟는다.

이런 상태가 지속되면 몸이 지치고 몸과 마음이 피폐해진다.

그 결과 모든 일이 송두리째 흔들리기 시작한다.

부처는 이렇게 자신의 육체와 정신의 변화를 빈틈없이 관찰하여 얻은 답을 근거로 가르침을 남겼습니다. 가만히 내버려두면 고뇌가 사라지지 않고 육체와 정신 그리고 인생마저 망쳐버린다고 말이지요. 그래서 욕심·분노·무지는 인간에게 세 가지 독과 다름없습니다.

연애를 예로 들면 한결 이해하기 쉽습니다.

여러분에게 너무나 좋아하는 사람이 생겼다고 가정해볼까요?

'더 가까이 다가가고 싶다. 좀 더 친밀한 사이가 되고 싶다. 사귀고 싶다. 결혼하고 싶다.'

이것이 욕심(탐)입니다. 그리고 상대도 자기를 좋아해주기를 바라고 상대가 자신을 사랑하게 될지도 모른다고 기대하지요.

하지만 세상에는 이루어지지 않는 사랑이 더 많습니다. 안타깝지만 '이렇게 됐으면' 하는 욕망은 마음이 만들어낸 기분 좋은 '망상'에 지나지 않지요. 상대가 마음을 눈치채고 자신을 피하게 되거나, 용기 내서 고백했는데 거절당하는 결말이 찾아오기도 합니다.

그러면 이번에는 '왜 안 되는 건데?', '어째서 내 마음대로 되지 않는 거야!' 하는 분노(진)가 솟아납니다. 좋아하는 마음이 강하고 실연의 상처가 클수록 분노도 더 커지는 건 자명한 사실이지요. 상대도 자신을 좋아할지도 모른다는 생각, 나를 사랑해줄지도 모른다는 생각은 모두 망상이었고 혼자 김칫국부터 마시고 실망했을 뿐인데, 어느새 부글부글 끓어오르는 분노를 끌어안고 고뇌하게 되는 것이지요.

그럼에도 그것은 어리석은 자신의 헛된 생각에 불과하다는 사실을 깨닫지 못합니다. 즉, 무지(치) 때문에 또다시 이루어지지 않을 사랑을 좇거나, 심각한 경우에는 좋아하는 사람을 스토킹하는 지경에 이르기도 하지요.

어떤 사람은 이른바 나쁜 남자나 나쁜 여자와 연애하다 상처받고 두 번 다시 같은 실수를 반복하지 않겠다고 다짐하면서도 또 비슷한 부류의 사람에게 걸려들기도 합니다.

한마디로 모든 인간은 바보라 할 수 있지요. 무지는 그야말로 인간의 현명한 삶을 방해하는 독입니다.

❉ 남 탓을 해서는 괴로움에서 벗어날 수 없다

여러분은 욕심·분노·무지의 끝없는 악순환에 빠져 있지 않으신가요? 가슴에 손을 얹고 생각해봅시다.

'나는 괜찮아. 번뇌도 없고 인생 때문에 고민하지도 않으니까.'

이렇게 딱 잘라 대답할 수 있는 사람은 부처의 조언에 귀기울이지 않아도 슬기롭게 살아갈 수 있습니다. 애초에 이 책을 읽을 필요도 없겠지요. '부처님한테 설법'이라는 속담 그대로입니다.

하지만 아쉽게도 그런 사람은 많지 않습니다. 사람은 크든 적든 고뇌를 안고 있기 마련이니까요. 고민도 괴로움도 전혀 없는 사람은 그리 흔하지 않습니다. 그래서 우리는 행복한 인생을 꾸려나갈 지혜를 익혀야 합니다.

이미 여러 번 이야기했듯이 고뇌의 원인은 자기 자신에게 있습니다. 스스로를 객관적으로, 올바른 시선으로 바라보는 것. 그것이 지혜이지요.

자아와 교만 탓에 색안경 쓴 눈으로 자신을 보고 있음을 알아차리지 못하는 한 고뇌는 사라지지 않습니다. 자기 뜻대로 상황을 바라보고 모든 일이 원하는 대로 흘러가리라 믿으며 행동하면, 결국 실패하고 괴로워하고 고뇌하느라 스트레스가 쌓이게 되지요.

그리고 원인이 자신에게 있다는 사실을 제쳐두고(알아차리지 못하고) 다른 사람을 탓하며 "저 사람 잘못이야!"라고 비난하고 공격합니다.

끝내 살인을 저지르거나 스스로를 살해하는 사태가 벌어지기도 하고요. 인간이라는 존재는 그런 극단적인 일을 저지를 만큼 어리석습니다.

그러니 나쁜 길로 가지 않도록, 현명하게 살아갈 수 있도록 지혜를 길러야 합니다. 인간의 마음이 어떻게 움직이는지 이해하고 감정을 다스리는 방법을 익혀야 합니다.

그 방법을 빈틈없이 체계적으로 다루는 것이 부처의 가르침, 즉 불교이지요.

2장부터 4장까지는 욕심·분노·무지라는 범주로 나눠 부정적인 감정을 살펴볼 예정입니다. 거기서 부정적인 감정에 대

처하는 방법을 본격적으로 익히기 전에 앞서 알아본 내용들

을 머릿속에 담아둡시다.

우리는 대체 언제부터 고민하고 괴로워했을까요?

"어른이 되면서 사회의 부조리에 눈떠서가 아닐까요?"

그럴듯하지만 옳은 답은 아닙니다. 우리는 더 이른 단계부터 괴로움을 마주해왔습니다. 네 살부터, 좀 더 빠른 아이는 세 살 무렵이 아닐까 싶습니다.

제가 주지를 맡고 있는 후쿠곤지에는 유치원이 있는데, 그

곳의 아이들만 보아도 알 수 있습니다.

아이들은 자못 어린 나이부터 다양한 일에 대해 "왜? 어째서?" 하고 의문을 느끼고, 말문이 트일 무렵이면 저마다 자기 나름의 고민과 괴로움을 품기 시작하지요. 거듭 이야기했듯이 태어나서 죽을 때까지 인생은 줄곧 괴로움의 연속입니다. 고뇌는 평생 함께해야 할 상대이지요.

어쩌다 속상한 일이 생기면 "그놈 잘못이야!", "전부 다 사회 탓이라고!", "○○ 때문이야!"라고 한탄하게 되는 것도 무리가 아닙니다.

하지만 괴로움에서 조금이라도 해방되고 싶다면 다른 것을 탓하기만 해서는 안 됩니다.

우리는 왜 자꾸만 괴로워지는가.

진심으로 괴로움을 떨쳐내고 싶다면 이처럼 진지하게 괴로움에 대해 생각해야만 하지요. 거기에 온 인생을 걸고 도전한 이가 부처였습니다.

☼ 괴로움을 떨칠 힌트는 홈쇼핑에 숨어 있다?

우리는 모두 괴로움을 안고 살아가지만, 그렇다고 회사나 학교를 쉬면서까지 '오늘은 괴로움에 대해 진지하게 생각해 봐야지' 하고 행동에 옮기는 사람은 없습니다.

그러나 부처는 이를 실천했습니다.

인생의 전부를 내던지고 마음속 괴로움을 낱낱이 들여다 보고자 했지요. 이것이 이른바 '출가'이며, 부처는 정말로 자신의 뜻을 행동으로 옮겼습니다. 그리고 깊이 생각하고 생각한 끝에 네 가지 진리에 도달했습니다.

부처가 발견한 것은 바로 사제팔정도四諦八正道입니다. 여기서 사제란 사성제四聖諦라 하며, 고苦·집集·멸滅·도道로 이루어진 네 가지의 성스러운 진리를 가리키지요.

> 고성제苦聖諦는 글자 그대로 인간이 안은 괴로움.
>
> 집성제集聖諦는 괴로움을 낳는 다양한 요인과 원리.
>
> 멸성제滅聖諦는 고통의 원인을 알고 거기서 완전히 벗어난 경지.
>
> 도성제道聖諦는 괴로움을 없애는 방법.

홈쇼핑에서 상품을 소개하는 진행자의 말을 떠올리면 사성제를 이해하는 데 도움이 될지도 모릅니다.

"여러분, 청소하기 너무 힘들지 않으십니까?" (고성제)

"집안일하랴 육아하랴 일하랴 날마다 눈코 뜰 새 없이 바쁘시죠?" (집성제)

"그럴 때 척척 자동으로 청소가 되면 얼마나 편할까요." (멸성제)

"그래서 이 ○○○을 여러분께 소개합니다!" (도성제)

홈쇼핑 방송의 정석 같은 이 멘트들이 바로 사성제의 흐름을 그대로 보여줍니다.

삶에는 늘 고통이 따른다.

고통에는 원인이 있다.

고통의 원인을 알면 이를 없앨 수 있다.

고통을 없애는 방법에는 이런 것이 있다.

부처는 많은 사람이 쉽게 관심을 가질 수 있도록 이런 순서에 따라 사성제를 설명했습니다.

그리고 '도성제', 즉 고통을 없애는 올바른 길에는 여덟 가지가 있어 팔정도라고 부르는데, 자세히 설명하면 조금 어려운 이야기가 되니 아쉽지만 생략하려 합니다.

팔정도를 아주 짧게 간추리자면 세상을 살아가며 반드시 갖추어야 할 '여덟 가지 마음가짐'을 나타내는 내용이라고 생각하면 됩니다.

❋ 부처가 명상을 통해 다다른 결론

고통 속에서 하루하루를 보내거나 고민하느라 끙끙 앓으며 살기를 바라는 사람은 없습니다. 하지만 우리를 괴롭히는 것은 회사의 상사도, 가족도, 연인도, 친구도 아닙니다. 우리 자신의 마음속에 있는 그릇된 생각이 괴로움의 불씨이지요.

그렇다면 괴로움을 떨쳐내기 위해 구체적으로 어떤 행동을 해야 할까요?

가장 먼저 해야 할 일은 스스로의 마음속을 낱낱이 들여다보는 것입니다. 고통의 원인을 외부에서만 찾으려 하면 왜 괴로워지는지, 어떻게 괴로움을 느끼게 되는지 전혀 보이지 않으니까요.

지금까지 이야기했듯이 괴로움의 원인은 밖이 아니라 우리 안에 존재합니다. 고통을 놓아버리려면 자신의 내면, 즉 마음을 정면으로 마주해야 하지요. 그런데 우리 내면에는 그릇된 생각과 고정관념, 욕심·분노·무지처럼 눈앞을 가로막는 많은 '벽'이 우뚝 서 있습니다.

그래서 '내 안에 있는 벽'을 넘어서야만 마음에 품은 고통과 고뇌를 내려놓고 지금보다 한결 평온한 마음으로 살아갈 수 있지요.

불교에서는 자신의 마음을 느끼며 집중하는 것을 '명상'이라고 합니다. 명상이라는 말을 들으면 뭔가 특별한 행동을 해야 한다는 생각이 들 수도 있지만, 너무 어렵게 생각하지 않아도 괜찮습니다.

명상에 대해서는 5장에서 다시 살펴보겠지만, 명상이란 온전히 집중하는 힘이자 정신의 에너지를 최대로 활용하는 행위입니다. 극단적으로 말하면 은행 강도가 되어 돈을 훔치거나 남에게 사기를 치거나 음모를 꾸밀 때도 명상의 힘은 도움이 되지요. 다만 '나쁜 방향'에 집중한 상태라 할 수 있습니다.

이것을 자신을 좋은 방향으로 바꾸기 위해 활용하고자 하는 것이 불교에서 말하는 수행입니다.

부처는 명상을 통해 자신의 마음을 관찰한 끝에 마침내 진리를 발견했습니다.

괴로움의 원인을 정확하게 이해하고 마음속에서 고통이 싹트는 과정을 들여다볼 줄 알면 틀림없이 괴로움을 없앨 수 있다.

이것이 수행을 통해 부처가 얻어낸 결론입니다.

2장

분노의 벽을

뛰어넘는 법

'헛된 기대'에서
비롯되는 불만

☼ 필요한 분노와 불필요한 분노를 가려내기

"만약 낯선 사람이 스님에게 주먹을 휘두른다면 어떻게 하시겠어요? 스님이니까 역시 화내지 않고 차분하게 대처하실까요?"

종종 이런 질문을 받습니다.

그러면 저는 이렇게 대답합니다.

"싸웁니다. 한 대 맞으면 배로 갚아줘야지요."

모두가 "네에?!" 하고 깜짝 놀랍니다.

허허, 물론 이건 농담입니다만, 누군가에게 공격을 당했을 때 맞서 싸우거나 도망치는 것은 동물로서 지극히 당연한 반응입니다. 자연에서 일방적인 공격이나 괴롭힘을 가만히 받아들인다는 건 곧 죽음을 뜻하니까요.

분노는 다른 사람이 어떠한 형태로 자신을 공격했다, 몸과 마음을 해쳤다라고 뇌가 판단했을 때 나타납니다. 동물이라면 누구나 가지고 있는 감정이자 생존에 필요한 감정이지요.

하지만 오늘날과 같은 사회에서는 별안간 눈앞에 사자나 호랑이 같은 적이 나타나 목숨을 위협하는 일은 거의 없습니다(안타깝게도 요즘은 세상이 뒤숭숭해서 누군가 갑자기 덤벼들 일이 절대 없다고 말하기는 어렵지만요).

그럼에도 우리는 일상생활 속에서 자주 짜증과 분노를 느낍니다. 우리 마음속에 사나운 '사자'가 살고 있기 때문이지요. 마음속의 '헛된 생각' 탓에 보이지 않는 적과 끊임없이 싸우고 있다는 뜻입니다.

"가족의 태도 때문에 서운했어요."

"연인(또는 배우자)에게 배신당했어요."

"상사가 자꾸 불합리한 요구를 해요."

"정말 좋아했던 연예인이 불륜을 저질렀어요."

사람들은 이렇게 다양한 상황에서 울분을 느낍니다. 하지만 그렇다고 해서 스스로의 생명을 위협하는 분노는 아니지요. 다시 말해, 사실은 느낄 필요가 없는 분노입니다.

※ 분노를 만들어내는 것은 타인이 아니라 '나의 마음'이다

사랑하는 연인이나 배우자에게 배신당했을 때 마음속에서 끓어오르는 분노는 '바람을 피운 그 사람' 때문이 아닙니다. 자신은 그 사람을 굳게 믿고 있었음에도 불구하고 배신당해 피해를 입었다고 느끼기에 자기 마음속에서 스스로 만들어낸 감정이지요.

좋아했던 연예인의 불륜도 마찬가지입니다. 본인을 직접 만나거나 대화를 나눠본 적도 없으면서 마음속에 멋대로 '그 사람은 참 착하고 순수하다'는 이미지를 품었다가, 끝내 기대가 무너지자 자신이 공격당했다고 느껴서 화가 끓어오른 겁니다.

배신당했다고 혹은 피해를 입었다고 생각하는 건 상대가 배신하지 않는 사람, 자신에게 피해를 주지 않는 사람이라고 멋대로 믿었기 때문입니다. 다시 말해 자신의 망상 탓이지요.

'반드시 이래야 한다'는 자기 안의 가치관과 과거의 기억, 부질없는 믿음, 느낌, 생각, 기대를 부정당했다고 느끼는 것……이것이 인간의 마음속에 있는 분노의 정체입니다.

생물인 이상 분노를 완전히 버리기란 불가능하며, 앞서 이야기했듯이 생존 본능이기에 필요한 분노도 있습니다. 하지만 망상에서 피어난 분노에 지배당하면 몸과 마음이 병들게 될지도 모릅니다. 따라서 우리에게는 쓸모없는 분노에 사로잡히지 않는 훈련이 필요합니다.

☼ 인생은 내 마음대로 흘러가지 않는 것이 당연하다

분노란 마음속에 발생하는 화재와 같습니다. 가만히 내버려 두면 활활 타오르는 불길이 점점 커져서 쉽게 끌 수 없는 지경이 되지요.

중요한 건 불이 나지 않도록 미리 대처하는 예방책과 화재가 일어난 순간의 신속한 초기 진화입니다. 무엇보다 '인생에서 내 마음대로 되는 일이란 거의 없다' 그리고 '다른 사람은 내 뜻대로 움직여 주지 않는다'라는 대전제를 마음속에 담아 둡시다. 그것이 가장 슬기로운 예방책이자 쓸모 없는 분노를 느끼지 않는 방법이지요.

'가족은, 친구나 연인은, 동료나 부하 직원은 내 마음을 이해해줄 거야.'
'내가 이만큼 애썼으니 당연히 돌아오는 게 있겠지.'

이렇게 다른 사람에게 부질없는 기대를 걸어서는 안 됩니다.
기대한 대로 이루어지지 않는다고 '왜 내 뜻대로 되지 않는 거야!' 하며 실망하고, 나아가 그것이 화가 되어버리지요.

결코 부정적으로 생각해야 한다는 이야기는 아닙니다만, 최근에는 한 가지 이상만 지나치게 좇느라 세상의 밝은 면만 바라보고 사는 사람이 많아진 듯합니다. 하지만 인생은 그리 호락호락하지 않지요.

제가 여러분께 드리고 싶은 말씀은 뭐든 자기가 생각하고 싶은 대로 생각하고 믿는, 지나치게 낙관적인 사고와는 거리를 두어야 한다는 이야기입니다.

그래도 사람인 이상 화가 나는 순간은 찾아오겠지요. 만약 분노가 차올랐다면 되도록 불씨가 작을 때 불을 꺼버리는 것이 중요합니다. 화재는 바싹 말라 불에 타기 쉬운 재료와 산소만 없으면 번지지 않습니다. 머지않아 불씨가 꺼지지요.

분노도 같습니다. 순간 울컥해서 불이 붙더라도 '연료'가 될 재료를 던져 넣지 않으면 곧 수그러들지요.

그러므로 스스로 그런 상황을 만들어줍시다.

대상이 사물이라면 그것을 멀리하고,

대상이 사람이라면 그 자리에서 벗어나고.

이것이 가장 좋은 방법입니다.

※ 중요한 건 분노에 연료를 더하지 않는 것

예를 들어 부부끼리 의견이 엇갈려 말다툼이 벌어졌다고 해봅시다. 두 사람은 서로에게 화가 나서 한 발짝도 물러서지 않습니다. 이때 두 사람이 옥신각신하며 주고받는 말이 분노를 키우는 연료가 됩니다.

처음에는 오늘 나온 빨랫감을 빨래 바구니에 넣지 않은 것이 발단이었다면, 나중에는 "그러고 보니 얼마 전에는 쓰레기를 잘못 버렸더라!"라든지 "전부터 생각했는데 당신은 그릇을 너무 대충 닦아!"라며 그날의 이야기와는 전혀 상관없는 문제까지 연료로 던져서 작은 불로 그칠 일이 큰불로 번져버립니다.

결국 싸움에서 이기는 것 혹은 어떻게 해서든 자기가 옳다고 인정하게 만드는 것이 목적이 되어서 상대를 이기기 위해 온갖 재료를 찾아 장작불을 지피게 되지요. 그야말로 헛된 싸움입니다.

여기서 중요한 건 자신이 스스로 장작을 던져 넣고 있다고 깨닫는 일입니다. 깨달았다면 그 자리에서 일단 벗어나야 합니다. 도망치는 거냐고 물어도 무시하고, 뭐라고 되받아치고 싶은 마음을 꾹 누르고 곧장 자리를 피해야 합니다.

그리고 상대가 없는 장소로 이동한 다음 차분하게 심호흡을 하면 됩니다. 그러면 조금 전까지 버럭버럭 화를 내던 자신이 거짓말처럼 침착함을 되찾을 수 있지요.

상대도 다를 바 없습니다. 연료만 더하지 않는다면 분노의 불꽃은 금세 사그라지기 마련이니까요.

※ '단순 작업'으로 몸과 마음을 분리한다

심호흡 외에 몸을 움직이는 일도 도움이 되는데, 저는 그중에서도 청소를 권합니다.

분노의 대상에게서 벗어나 혼자 방 안에 틀어박히더라도 가만히 앉아 있으면 '아니, 아무리 생각해도 난 역시 잘못한 게 없는데'라는 생각이 문득 치솟으며 또다시 연료를 붓기 시작합니다. 이렇게 되면 눈앞에 상대도 없으니 그야말로 혼자서 북 치고 장구 치는 격이지요.

그런 상태가 되지 않도록 이를테면 바닥이나 책상에 쌓인 먼지를 말끔히 닦거나 옷을 정리하는 등 청소나 정리 정돈에 온 신경을 기울이며 담담히 몸을 움직여 봅시다. 그러면 몸과 마음이 분리되어 쓸데없는 생각을 하지 않고 마음을 차분히 가라앉힐 수 있습니다. 실제로 방도 깨끗해지니 일석이조이고요.

회사에서 일을 하는 중이라면 깊이 생각하지 않고 할 수 있는 단순 업무를 처리하는 것도 좋습니다. 물에 닿는 것도 마음을 다스리는 데 도움이 되니 흐르는 물을 손으로 느끼거나 따뜻한 목욕물에 몸을 담그고 휴식을 취하는 것도 좋은 방법입니다.

분노는 바람직하지 못한 감정이라는 생각에 '화내면 안 돼!'라고 되뇌며 무작정 참으려고 드는 사람도 있습니다. 하지만 그건 이미 불이 붙었는데 '불타면 안 돼!'라고 염불을 외는 상황이나 다름없으니 효과는 거의 없지요.

처음에 이야기했듯이 분노는 본능에서 비롯되므로 완전히 없앨 수는 없습니다. 그보다는 적절한 예방책과 초기 진화 방법을 마련해두어야 스스로에게도 상대에게도 더 나은 결과를 불러올 수 있지요.

가족, 배우자, 친구, 동료, 상사나 부하 직원, 좋아하는 연예인…… 상대가 누구든 상황은 내가 원하는 대로, 꿈에 그리던

대로 흘러가지 않습니다.

분노라는 감정이 싹텄을 때는 한 발짝 물러서서 상황을 인식할 것.

'내 헛된 생각이 원인이구나.'
'나 좋을 대로 기대를 건 탓이야.'

그리고 다툼이 벌어졌을 때는 불이 번지지 않도록 장작을 던지지 말고 자리에서 벗어나 마음을 차분히 가라앉힐 것. 이것이 분노에 마음을 갉아먹히지 않는 비결입니다.

잘못된 생각이
    내가 미워하는 사람을
더 크게 부풀린다

❋ '괴물'이 된 분노가 증오과 원망을 낳는다

그릇된 생각 때문에 분노가 점점 몸집을 불리면 '증오'나 '원망'으로 변해버립니다.

증오는 상대방의 존재 자체가 못마땅할 만큼 미워하거나 마음에 들지 않는다고 여기는 감정이며, 원망은 상대의 행동 때문에 자신이 어떤 피해를 입었을 때 솟는 감정입니다.

조금 전에 살펴본 것처럼 분노는 오랜 시간 지속되는 감정이 아닙니다. 연료가 떨어지고 나면 아까는 왜 그렇게 화가 났는지 의문이 들 만큼 자연스레 불이 꺼지지요. 말하자면 시간이 해결해주는 셈입니다.

하지만 증오와 원망은 다릅니다.

누군가를 미워하고 탓하는 감정에 끊임없이 기름을 부으면 불길이 점점 거세져서 끄려 해도 혼자서는 끌 수 없을 만큼 큰불로 번져버립니다. 그러면 자신의 몸과 마음마저 불태울 만큼 큰 타격을 입게 되지요. 그뿐만 아니라 감정이 뒤틀린 모양으로 바깥으로 흘러넘치면 괴롭힘, 학대, 스토킹 따위로 다른 사람에게 해를 입힐 수도 있습니다.

증오와 원망은 분노가 나쁜 방향으로 성장한 커다란 괴물과 같습니다. 따라서 아무리 작은 불씨라도 가만히 내버려두어서는 안 됩니다. 마음속에서 위험을 알리는 긴급 경보가 울려 퍼지고 있다고 생각해야 합니다.

※ 미움을 키울수록 나에게 손해가 될 뿐이다

분노라는 감정 자체는 생물이 본능적으로 지닌 감정이므로 때로는 반드시 필요하고 마음대로 없앨 수도 없습니다.

하지만 증오와 원망은 다릅니다. 인간이 살아가는 데 조금도 필요치 않은 감정이어서 품고 있어봤자 아무런 도움도 되지 않고 마음속에 불쾌한 기분을 안고 있어 자신에게 해가 될 뿐이지요.

예를 들어 어떤 기분 나쁜 일이 있어서 울분이 북받쳤다고 해봅시다. 화가 나는 것 자체는 어쩔 수 없습니다. 그런데 혹시 그 '기분 나쁜 일'이 왜 싫고 못마땅한지 자꾸 스스로 이유를 덧붙이고 있지는 않으신가요?

직장에 왠지 마음에 들지 않는 사람이 있다고 가정해봅시다. 처음에는 '인상이 별로네' 같은 생각이 전부였어도, '왠지 나한테만 차가운 것 같아', '지나갈 때 눈을 피한 것 같은데' 등 이런저런 일을 연결 지어서 마음속으로 '싫다고 느끼는 감정'을 점점 더 크게 키우고 맙니다.

여러분도 자신의 상상력을 한껏 발휘해서 미움을 크게 키우고 있지는 않으신가요?

사람이니 좋고 나쁜 감정 자체는 어쩔 수 없습니다. 그렇다고 상대를 미워하는 감정까지 싹 틔워서는 안 됩니다. 혼자서 일방적으로 만들어낸 망상 때문에 '싫은' 감정에 계속해서 먹이를 던져주게 되니까요. 게다가 자기 안에서는 망상이 멋대로 덩치를 불려도 상대방의 입장에서는 전혀 모르는 일이니 미워해봤자 아무것도 달라지지 않습니다.

반대로 은근히 풍기는 부정적인 기운 탓에 오히려 주변 사람이 자신을 피하거나 사람들 사이에서 소외당할 가능성도 있습니다.

증오와 원망은 분노가 사라지지 않고 내면에 줄곧 고여 있다가 염증을 일으키고 마치 암세포처럼 응어리지는 상태와 같습니다. 말하자면 마음에 악성 종양을 증식시키는 셈이지요. 건강에 좋지 않다는 점은 말할 필요도 없겠지요.

아무리 용서할 수 없다고 속을 끓이고 화를 내도 상대가 스스로 나의 뜻을 헤아리고 변화하는 일은 없습니다. 내가 멋대로 만들어낸 망상이니 스스로 해결할 수밖에 없지요. 자꾸자꾸 늘어나는 마음의 종양은 누구도 대신 제거해주지 않습니다.

❀ 못난 마음을 '좋은 것'으로 덮어쓰기 하자

증오와 원망에 마음을 지배당하지 않으려면 '사실'과 '망상'을 정확하게 구별해서 생각하는 것이 중요합니다. 증오와 원망이 자신에게 필요하지 않은 감정임을 이해하고 스스로 극복해야 합니다. 물론 이해한다고 해서 그리 쉽게 사라지지는 않겠지요. 증오하게 될 만큼 강한 감정이니 마음속 깊이 뿌리내리고 오래도록 머물지도 모릅니다.

이렇게 나쁜 것에 사로잡힌 마음을 되찾으려면 어떻게 해야 할까요?

마음을 좋은 것으로 덮어쓰기해서 업그레이드하기. 이 방법이면 충분합니다. 자세한 내용은 5장에서 다루겠지만, '아름다운 심소'라 불리는 선한 심소를 기르는 것이 중요합니다. 선하고 이로운 마음을 키워 근본적인 원인을 치료하는 방식이지요.

원망 또한 마찬가지입니다. 제게도 많은 사람이 부모와 자식 간의 학대 문제로 상담을 청하곤 합니다. 그중에는 이미 부모가 세상에 없음에도 여전히 용서가 안 된다고 털어놓는 사람도 적지 않습니다.

부모도 사람이니 서투르고 어리석습니다.

'왜 학대하게 되었는가'라는 사실로 눈길을 돌리면 부모의 성장 과정과 불행한 인생에 동정의 여지가 있는 경우도 있겠지요. 그러나 학대를 당한 사람의 입장에서는 이성적으로 사실을 사실로 받아들이고 자신의 마음속에 넘쳐흐르는 '해로운 심소'를 다시 써나가는 수밖에 없습니다.

미안하다는 말을 듣고 싶어도 사과할 사람은 이미 이 세상에 존재하지 않습니다.

"무덤 앞에 가서 마음속에 있는 걸 몽땅 털어놓으세요."

저는 그런 분들에게 이렇게 말합니다. 무덤이든 유골함 앞이든 위패 앞이든 상관없으니 그동안 어떤 일이 있었고 어떤 감정을 느꼈는지 이야기해봅시다. 그렇게 자신의 감정을 소리 내어 말로 표현하면, 감정을 객관적으로 바라보고 이성적으로 헤아릴 수 있게 됩니다.

'더 좋은 부모 밑에서 자랐다면 이렇게 크지 않았을 텐데.'

학대를 받으며 자란 사람일수록 이렇게 이상적인 부모의 모습을 상상하곤 합니다. 하지만 누구나 많든 적든 부모에게 불만을 품은 채 성장합니다. 그리고 막상 자신이 부모의 입장이 되어보니 '자식을 둔 부모란 이렇게나 힘든 거구나……' 하고 뼈저리게 느끼기도 하지요.

어찌 되었든 증오와 원망을 결코 정당화해서는 안 됩니다.

저 또한 지금껏 살아오며 실감했기에 그런 감정은 아무런 도움도 되지 않는다고 단언할 수 있습니다. 결국 자기 자신에게 해가 되는 감정이라는 사실을 마음에 새겨둡시다.

누군가를 미워하고 원망하는 동안 사람은 절대 행복해지지 못합니다. 그러니 "나는 그 사람이 밉지만, 마음은 평온하고 행복해"라는 말은 결코 있을 수 없지요.

쓸데없이
'좋고 나쁨'을
판단하지 않는다

❈ 불필요한 '혐오'에 집착하지 말자

증오와 원망처럼 분노의 연장선 위에 존재하는 감정이 '혐오'입니다. 어떤 대상을 피하고 싶어 하거나 반발하고 멀리하려 하는 감정의 일종이지요. 그리고 혐오에도 피할 수 없는 것과 피해야 하는 것, 버려야 하는 것과 버릴 수 없는 것이 있습니다.

예를 들어 별안간 눈앞에 뱀이나 지네가 나타난다면 어떨까요?

일부 파충류 애호가나 벌레를 좋아하는 사람은 환영할지도 모르지만, 대부분의 사람은 화들짝 놀라고 싫어하겠지요. 징그럽다, 기분 나쁘다, 가까이 다가가고 싶지 않다, 그런 감정이 들 겁니다.

이런 혐오는 필요한 감정에 해당합니다. 개중에는 독을 가진 뱀이나 지네도 있으니 외부의 적에게서 몸을 지킨다는 면에서는 올바른 감각이지요. 인간의 몸은 뇌에 있는 편도체라는 부위의 센서가 위험을 감지하도록 만들어졌습니다. 살아남기 위해 필요한 감각이니 원한다고 해서 마음대로 없앨 수는 없지요.

반면 그 밖의 혐오, 주로 다른 사람을 향한 혐오는 당장 버리는 것이 좋습니다. 타인에 대한 혐오는 생리적인 반응이 아니라 인간이 사회적 동물로 거듭나고 뇌가 발달하면서 만들어진 감정입니다. 품고 있어도 아무런 도움도 되지 않을뿐더러 마음만 무겁게 만들지요.

'저놈은 정말 재수가 없어.'

'저 사람하고는 가치관이 너무 안 맞아.'

'○○인(어느 나라의 외국인)은 정말 상식이 없더라.'

때로는 이런 생각이 들 수도 있습니다. 하지만 그런 혐오감을 자기 안에서 더 크게 부풀리지는 말아야 합니다. 한 사람, 한 사람 모두 성격이 다르고 각각 다른 가치관을 지니는 건 당연한 일이니까요.

나라마다 문화가 다르듯 여성과 남성, 같은 또래와 다른 세대처럼 특성이나 입장이 다르면 사고방식도 자연히 달라지기 마련입니다. 자신의 가치관과 상식은 단 하나뿐인 정답이 아니라는 점을 반드시 마음에 새겨둡시다. 누구도 자신의 기준을 다른 사람에게 강요할 수 없고 억지로 떠민다 해도 상대는 달라지지 않습니다.

부모, 형제, 선생님, 친구, 연인, 선배, 후배, 동료, 상사, 부하직원, 유명인, 대중매체…… 어떤 상대든 마찬가지이지요. 나와 다르다는 이유로, 나와 맞지 않는다는 이유로 좋고 나쁨을 판단하는 데에는 아무런 의미도 없습니다. 오히려 자신의 마음에 '혐오'라는 무거운 짐만 지울 뿐이지요. '저 사람은 나와 이런 부분이 다르구나' 하고 인식하는 것으로도 충분하니 더 나아가 좋은지 나쁜지 흑백을 가릴 필요는 없습니다.

☼ 좋은 것을 늘리면 인생이 편해진다

문득 무언가(누군가) 싫다는 혐오감이 들면, 우선 그것이 정말 필요한 감정인지 아닌지 생각해보는 습관을 기르면 어떨까요? 신변의 위험과 관련된 혐오는 올바른 감각이라 생각해도 좋습니다.

반면 자신의 목숨이나 생활을 위협하는 존재가 아님에도 불구하고 혐오감이 든다면, 그건 단순한 고정관념과 망상이라고 생각해야 합니다. 내가 자라온 과정과 환경에 따라 형성되고 깊숙이 뿌리박힌 '나만의 기준'이니 상대에게 같은 생각을 바라서는 안 된다, 이렇게 생각하면 어떨까요.

필요한 혐오와 하등의 쓸모도 없는 혐오를 판별하려고 노력하다 보면 저절로 관찰력이 높아집니다. 그리고 지금껏 밉다고 생각했던 대상에게서 새로운 면을 발견하기도 하지요.

"계속 재수 없다고만 생각했는데, 좋은 점도 있네. 생각보다 재미있는 녀석이었어."

이런 마음이 든다면 더할 나위 없습니다. 부정적인 감정을 긍정적인 감정으로 바꾸는 데 성공했다는 증거니까요.

내가 싫어하는 것을 자꾸만 멀리하고 배제하는 한 세계는 넓어지지 않고 마음속 괴로움도 사라지지 않습니다. 꺼리고 피하기보다는 적절히 받아들여 가능성을 넓혀야 마음도 한결 편안해지지요.

언뜻 보기에는 무뚝뚝하고 무서워 보였는데, 실제로 대화해보니 정말 좋은 사람이었던 적이 한 번쯤 있지 않으신가요? 누구에게나 그런 경험이 있을 겁니다. 바로 그 느낌을 잊지 말고 기억해둡시다.

※ 선입견을 없애는 방법

가라테를 막 시작했을 무렵 제가 다니던 도장에는 M이라는 선배가 있었습니다. 저는 그 선배가 너무나 불편했습니다. 아니, 불편하다는 말은 맞지 않겠군요. 솔직히 말해 너무너무 싫었습니다. 선배들은 모두 저보다 나이도 경험도 훨씬 많은 고수들이어서 초보자인 저는 상대도 되지 않았습니다. 그래서 대련을 할 때면 모두 적당히 봐주며 상대해주었지요.

그런데 M선배는 조금도 봐주지 않았습니다. 대련이니 흠씬 두들겨 패는 정도까지는 아니었지만, 늘 호되게 맞았지요.

'나는 아직 초보자니까 그렇게까지 할 필요는 없지 않나?'
'M은 절대 용서 못 해.'

항상 이렇게 생각했습니다.

시간이 흘러 저의 마지막 경기가 될지도 모를 전국 대회가 다가왔습니다.

얼마 후 시합이 정해지자마자 M선배에게서 두꺼운 봉투에 든 대량의 편지가 날아왔습니다. 내용을 들여다보고 깜짝 놀랐습니다. 놀랍게도 편지에는 기술을 쓸 때 나타나는 저의 버릇과 장점, 단점이 손 글씨로 빼곡히 적혀 있었습니다.

그뿐만 아니라 시합의 전술이나 페이스 조절 등에 대한 조언도 그림까지 곁들여서 자세하게 담겨 있었지요. 저의 지난 시합 영상을 모두 돌려본 뒤 연구하고 분석한 내용이었습니다. 너무나 놀라웠습니다. M선배는 저를 미워해서 계속 심술을 부리는 거라고 믿었으니까요…….

지금은 M선배에게 감사하는 마음이 무척 큽니다. 그리고 이 이야기를 떠올릴 때마다 불필요한 혐오가 얼마나 무의미한 감정인지 뼈저리게 느낍니다.

나쁘다고 믿었던 대상도 이성적으로 관찰하다 보면 새로운 측면이 눈에 들어오기도 합니다. 지금껏 자기가 느꼈던 혐오는 고정관념 때문에 만들어진 감정이었음을 깨닫게 되지요. 그러면 자신이 몰랐던 새로운 세계가 펼쳐집니다.

여러분도 부디 그 순간을 맞이할 수 있도록 함께 노력해봅시다. 불필요한 혐오를 원동력으로 삼아 행동해봤자 진정한 행복은 손에 넣을 수 없습니다. 과감히 떨쳐내야 훨씬 행복하고 알찬 인생을 보낼 수 있지요.

질투가
　내 마음을 죽인다

⊛ '질투'는 다른 사람을 향한 강한 분노

"제가 좋아하는 사람이 다른 사람과 사귀기 시작했어요."

"직장 상사와 동료들이 젊고 예쁜 동료만 좋아해요."

"친구가 SNS에 행복해 보이는 모습을 자주 올려요."

이럴 때는 상대를 부러워하고 시기하는 질투의 감정이 불쑥 솟아나기도 합니다. 조금 뜻밖일 수도 있지만, 불교에서 질투는 '분노'에 속하는 감정으로 분류됩니다.

　"정말 좋겠다" 하고 누군가를 부러워하면서도 다른 사람이 행복하다는 사실에 강한 분노를 느끼는 것이지요.

　이건 대체 어떤 감정일까요?

　'좋아하는 사람을 내 것으로 만들고 싶다.'

　'주변 사람들에게 사랑받고 싶고 좀 더 좋은 대우를 받고 싶다.'

　'누구보다도 즐겁고 알찬 나날을 보내고 싶다.'

　여기에는 뭔가에 가까워지기를 원하거나 손에 넣고 싶어 하는 '욕심(욕망)'이 작용합니다. 하지만 내가 좋아하는 상대나 직장 동료들은 내가 아닌 다른 누군가에게 애정과 관심을 보이고, 친구나 지인이 나보다 훨씬 행복해 보이니 "절대 용납 못 해!" 하고 분노를 느끼는 것이지요.

　질투에는 분노뿐만 아니라 불안, 미움 같은 온갖 감정이 복잡하게 얽혀 있다는 점도 큰 특징입니다. 연애 감정이 복잡하게 엉클어지다 보면 '좋아하는데 싫은', '싫어하는데 좋은' 감정처럼 뭐라 말로 표현할 수 없는 느낌에 사로잡힐 때가 있지요. 여러 감정이 뒤죽박죽 뒤섞여 마음이 혼란에 빠진 상태라 해도 과언이 아닙니다. 지성과 이성을 갖춘 어른임에도 마음을 다스리지 못하고 상대를 욕하거나 때로는 물리적, 심리적으로 상대를 공격하기도 하고요. 질투란 이토록 성가신 감정입니다.

마음을 탁하게 만드는 독에는 쉽게 억제할 수 있는 것도 있는가 하면 해독하기가 몹시 까다로운 것도 있습니다. 다루는 방법도 각양각색입니다. 그중에서도 질투는 난이도가 가장 높지요. 불교에서도 특히 다루기 어려운 감정이라고 이야기합니다.

∷ 본능적 질투와 사회적 질투

질투라는 감정은 구조가 매우 복잡해서 때로는 인간이란 참 재미있는 존재구나 하고 실감하곤 합니다.

"지금 뭐 해?"

"어디 있었어?"

"휴대전화 통화 목록 좀 보여줘."

아무리 사귀는 사이라 해도 숨 쉴 틈도 없이 속박하면 상대는 지긋지긋해서 넌더리가 나겠지요. 그런데 이런 경우는 어떨까요?

예를 들어 연락도 없이 외박하고 돌아와서 "회사 후배들하고 술 마셨어"라고 곧이곧대로 이야기했다고 가정해봅시다. 그때 상대가 무관심한 태도로 "아, 그래?" 하고 툭 내뱉는다면 어떤 기분이 들까요? 눈곱만큼도 질투하지 않는 듯한, 관심이 없어 보이는 듯한 모습에 쓸쓸해져서 '혹시 나를 사랑하지 않는 건가?'라는 생각이 들지 않을까요? '조금은 질투해주기를 바라지만, 질투가 너무 심한 것도 귀찮으니 싫다.' 이런 마음이야말로 인간 특유의 성가시고 복잡한 감정일지도 모릅니다.

질투 또한 버릴 수 있는 질투와 버릴 수 없는 질투로 나뉩니다. 만약 연인이 바람을 피운다면 자신의 짝을 빼앗기고 싶지 않은 동물적인 본능이 작용할 테니 질투심이 들어도 어쩔 수 없지요.

반면 모두가 쉬이 다루지 못하는 성가신 질투란 인간이 본래 갖춘 본능과는 관계가 없는 감정입니다.

"동기가 저보다 먼저 승진을 했어요."
"친구가 저보다 화려하고 행복한 생활을 하는 것 같아요."
"옆집 사람은 비싼 차를 여러 대 가지고 있더라고요."

이런 감정은 동물적인 질투가 아니라 지금껏 살아오면서 얻은 정보와 지식에 의해 만들어진 질투입니다. '이런 삶이 성공했다는 증거다', '더 바람직한 인생이다'라는 세상 사람들의 가치관과 고정관념에서 비롯된 생각이자 착각이라고도 할 수 있지요.

요컨대 다른 사람과 자신을 비교해서 매긴 값이므로 인간이 사회적 동물이기에 나타나는 질투입니다.

☼ 질투의 반대는 기쁨

"자꾸 다른 사람과 비교하고 질투하는 제가 너무 싫어요."
지금은 SNS 등에서 다른 사람의 일상과 행동이 훤히 들여다 보이는 사회이니 불필요한 질투를 품는 사람이 많은 것도 무리는 아닙니다.

사실 질투를 다스리는 방법은 지극히 단순합니다.

다른 사람의 기쁨에 나도 함께 기뻐하기.

무엇보다 효과적인 방법이지요.

다만 누구나 남과 겨루고자 하는 경쟁심이 있어서 자기도 모르게 타인을 시샘하기 때문에 그렇게 금방 실천하기는 어렵습니다.

이를테면 우리는 올림픽 경기를 보면서 "힘내라! 파이팅!" 하고 선수를 응원하곤 하지요. 생판 모르는 남인데도 금메달을 따면 환호성을 지르고 선수의 활약에 함께 기뻐합니다.

본래 불교에서 '질투'의 반대말은 '기쁨'이며, 부처도 "자기 일처럼 진심으로 기뻐할 수 있도록 연습하라"라고 말했습니다. 질투는 분노의 한 종류이자 해로운 독이므로 계속 품고 있으면 마음이 갈수록 망가집니다.

사람들은 전혀 모르는 누군가나 자신과 수준이 달라서 상대도 되지 않는다고 생각하는 사람을 보고는 순수하게 기뻐하면서, 지인이나 자신과 수준이 비슷한 사람(그렇다고 믿는 사람)은 샘내고 미워합니다.

세계적인 프로 야구 선수 오타니 쇼헤이나 골프로 이름난 마쓰야마 히데키 선수 그리고 세계에서 활약하는 아티스트를 보고 질투하고 미워하는 사람은 거의 없지요. 그런데 대상이 같은 팀의 동료나 친구가 되는 순간 질투가 나서 그들의 성공을 순수하게 기뻐하지 못합니다. 따라서 이런 사실을 자각하고 의식적으로 기뻐하는 연습을 해야 합니다.

❀ 타인의 성공을 기뻐하는 사람은 자신도 행복해진다

프로 골프 선수 타이거 우즈는 같은 시합에서 겨루는 상대가 공을 칠 때도 열심히 응원했다고 합니다. 보통은 자신이 이기기를 바라는 마음에 내심 '빗나가라! 빗나가라!' 하고 되뇔 텐데 말이지요.

하지만 타이거 우즈는 아무리 경쟁자의 차례라 해도 자신의 머릿속에 공이 빗나가는 이미지를 떠올리고 싶어 하지 않았습니다. 자기 자신에게도 부정적인 이미지 트레이닝이 되어버리니 당연한 듯이 다른 사람의 성공을 바라고 기뻐한 것이지요.

그러면 자연히 자기가 공을 칠 때도 실패하는 모습이 아니라 성공하는 모습을 쉽게 상상할 수 있어서 좋은 순환이 일어납니다. 이런 원리를 알아두면 타인의 성공을 기뻐하는 일에 어떤 의미와 가치가 있는지 이해가 되리라 생각합니다.

저도 그런 경우를 실제로 본 적이 있습니다.

저는 승려임과 동시에 가라테를 연마하는 무술인이기도 합니다. 제가 다니던 도장에는 검은 띠를 따는 데 16년이 걸린 Y라는 후배가 있었습니다. 유파에 따라 다르지만, 제가 속한 단체에서는 8년에서 10년이면 검은 띠를 취득할 수 있으니 제법 시간이 걸린 편이라고 할 수 있지요.

Y는 시합에 나가는 동료를 위해 미트 트레이닝이나 준비운동에 어울려주다가 자기가 나갈 순서를 잊어버릴 만큼 좋은 친구였습니다. 그리고 동기나 후배들이 점점 자신을 앞질러도 시샘하지 않고 다른 사람의 성공에 진심으로 기뻐하는 사람이었지요.

대회에서 좋은 성적을 남긴 적은 없었지만, 도장에 다니는 모두가 입을 모아 말했습니다.

"Y가 검은 띠를 딸 수 있게 도와주고 싶어."

"Y가 검은 띠가 아니면 누가 검은 띠겠어."

그래도 승단 시험에 정상 참작이란 없으니 대련을 하면 역시 선배들을 이기지 못하고 몇 번이고 몇 번이고 패배했습니다. 하지만 16년째 되는 승단 시험에서 Y는 마지막까지 굳건히 싸웠습니다.

어린 시절부터 늘 괴롭힘을 당했던 Y는 힘을 기르기 위해 가라테를 배우기 시작했고 오랜 세월 단련한 끝에 검은 띠를 손에 쥐었습니다. 눈물을 흘리며 기뻐하는 Y의 옆에서 도장의 동료들도 한마음으로 기뻐했습니다.

시합에서도 지기 일쑤이고 후배들에게마저 추월당하면서도 Y는 늘 다른 사람의 성공을 함께 기뻐할 줄 아는 사람이었습니다. 그것이 주위의 모두가 그를 아끼고 진심으로 응원한 이유가 아닐까요?

❋ 정말 내가 원하는 것이 맞는지 확인해보기

그래도 다른 사람의 성공에 순수하게 기뻐하기가 그리 쉬운가……라고 생각하는 사람에게는 다른 대처법도 소개하고자 합니다.

하나는 경쟁하지 않아도 되는 인간관계를 만드는 것입니다.

나이 차이가 나는 사람, 완전히 다른 업계에서 일하는 사람 등 평소 자신의 생활과 관계없는 곳에서 만난 사람이나 다른 특성을 가진 사람이라면 서로 견주거나 경쟁할 일이 적으니 편안한 마음으로 소통할 수 있지요.

누군가를 보고 부럽다고 생각하는 건 어쩔 수 없는 일이고 그런 생각 자체가 잘못된 건 아닙니다. 하지만 거기서 더 나아가 '왜 저 사람만 잘나가는데!', '내가 훨씬 나은데 어째서……' 같은 어두침침한 생각에 사로잡히지 않는 것이 중요하지요.

'정말 부럽다. 하지만 나는 나대로 열심히 해야지!'

이렇게 상대와 자신을 분리하고 생각을 전환하면 괴로운 마음에 사로잡혀 속 태우는 일도 점점 줄어듭니다. 그리고 자신이 부럽다고 생각하는 무언가가 '정말 내가 원하는 것인지' 스스로에게 물어보는 것도 좋은 방법입니다.

이를테면 날마다 많은 사람에게 둘러싸여 먹고 마시고 즐기는 사람이나 비싼 명품을 두르고 사는 사람이 있지요. 그들이 부러운 것은 사실 '친구가 많은 사람이 훌륭한 사람'이라거나 '비싼 명품을 지니는 것이 성공의 증거'라는 사회의 가치관에 마음이 흔들려서가 아닐까요?

곰곰이 생각해보면 당신은 홀로 조용하게 보내는 시간을 좋아하거나, 비싼 명품보다는 정말 내 마음에 드는 물건을 찾는 데서 큰 즐거움을 느낄지도 모릅니다.

자신의 마음을 들여다보고 내가 정말로 소중히 여기고 싶은 것은 무엇인지 생각해보면 괴로운 질투가 사실은 '착각'이었음을 깨닫게 됩니다.

✿ 자신을 향한 강한 분노가 후회를 낳는다

'그때 이렇게 할 걸 그랬어.'
'대체 왜 그런 짓을 했을까. 그러지 말걸.'

누구나 지난 일을 떠올리며 속으로 끙끙 앓을 때가 있지요.
거기에는 과거에 자기가 한 일에 대한 후회와 하지 않은 일에
대한 후회가 존재하는데, 그 감정의 밑바탕에는 자기 자신을

향한 '분노'가 깔려 있습니다. 따라서 후회도 삼독 중 하나인 '진', 즉 분노에 속하는 감정이지요.

후회는 인간에게 기억력이라는 능력이 있기에, 과거의 사건을 머릿속에 담아두고 있기에 나타나는 인간 특유의 감정입니다. 아마 인간 이외의 동물에게는 존재하지 않겠지요. 저희 절에서 키우는 개나 염소를 보면 그 아이들이 몇 년 전에 한 실수를 후회하고 있다고는 도무지 생각하기 어렵습니다.

인간의 뇌는 매우 복잡하고 정밀한 작업들을 수행하도록 발달했기에 '그때 이렇게 했다면 지금하고는 전혀 다른 결과가 나왔을지도 몰라' 하고 상상을 펼칠 수 있습니다. 그래서 후회라는 감정이 나타나지요.

하지만 지극히 당연하게도 아무리 후회한들 과거는 바꿀 수 없습니다. 우리에게는 늘 '지금'뿐이며 지금 할 수 있는 일을 하는 수밖에 없지요.

후회를 계속 품고 있으면 판단력과 실행력이 떨어집니다. 헤아릴 필요 없는 과거에 지나치게 매달리느라 현재에 악영향을 미칠 수도 있다는 뜻이지요.

어떤 일에 실패했다고 '대체 왜 그렇게 했을까?' 하고 언제까지고 속상해하면, 다음 일의 효율이 나빠지고 생산성이 저하됩니다. '다음에는 실수하지 않도록 조심해야지!' 하고 마음을 다시 먹고 지금 눈앞에 있는 일에 온 힘을 다해야 합니다.

업무에서 실수를 했다면 다음 업무에서 만회하면 됩니다. 계속 과거에 얽매이면 다음 업무의 질이 떨어질 뿐만 아니라 몸과 마음까지 해칠 수도 있습니다.

❄ 후회는 내 마음을 해치는 자해 행위

반성은 해도 좋지만 후회는 해서는 안 된다. 후회는 아무 의미 없는 행위다.

부처는 후회를 아주 엄격하게 금지했습니다.

그때 이렇게 할걸, 그러지 말았어야 했는데, 하는 후회는 마음의 상처를 스스로 헤집는 일과 같습니다. 지난날 맛본 쓰디쓴 감정을 굳이, 스스로, 한 번 더 맛보는 일이나 다름없습니다.

같은 잘못을 몇 번이고 후회하는 것은 날카로운 칼로 자신을 마구 난도질하는 일이나 마찬가지라고 생각해야 합니다. 지금 당장은 가라앉는다 해도 1년 뒤, 2년 뒤에 다시 떠올리고 곱씹으면 온몸이 상처투성이, 트라우마 범벅이 되어버리지요. 말하자면 '자기 마음을 자해하는 행위'이자 스스로를 망가뜨리는 행동입니다.

후회는 해봤자 소용이 없지만, 단순히 속상해하는 것이 아니라 왜 그런 행동을 했는지(하지 않았는지) 냉정하게 분석하고 미래를 위한 양식으로 삼으려는 자세는 중요합니다. 그건 후회가 아니라 '반성'이며 부처도 반성이 중요하다고 말했지요.

구태여 후회를 즐기고 싶다면 그것도 한 가지 방법입니다.

"그때는 나도 참 어렸지. 왜 그런 짓을 하고 다녔을까? 젊은 시절의 혈기란 정말 무섭다니까, 하하."

이렇게 마음속으로 혹은 다른 사람에게 우스갯소리처럼 말할 수 있다는 건 자신의 감정과 과거의 행동을 객관적으로 바라볼 줄 안다는 뜻입니다. 이른바 '흑역사'를 재미있고 밝은 이야깃거리로 바꿀 수 있다면 문득 떠올렸을 때 마음에 상처를 입지도 않겠지요.

요컨대 지난날에 있었던 일을 어떻게 받아들이느냐가 중

요합니다. 어떻게 생각하고 자기 안에서 소화하느냐가 곧 핵심이지요.

☼ 남을 탓해도 괴로움은 사라지지 않는다

스스로 선택해서 한 일 혹은 하지 않은 일이라고 자각하기.
결코 다른 사람을 탓하지 않기.

이것 또한 후회가 들 때 도움이 되는 대처법입니다.

'부모님이 이 학교가 더 좋다고 해서 입학했는데.'
'그 사람 말을 믿었다가 된통 혼났잖아.'

이런 생각은 다른 사람에게 책임을 돌리는 사고방식입니다. 상대와 어떤 관계든, 어떤 조언을 받았든, 결국 행동에 옮긴 건 자기 자신입니다. 결단을 내린 건 어디까지나 나 자신이지요.

한바탕 뉘우친 다음에는 다른 사람에게 책임을 전가하지

말고 '내가 바보였어. 이제 다시는 같은 짓을 반복하지 말아야지'라고 반성합시다. 그리고 뒤늦게 다른 사람이나 상황을 탓하지 않도록 어떤 행동이나 결정을 할 때 정말 내가 하고 싶은 일인지, 진심으로 바라는 일인지 스스로에게 물은 다음 실행하는 것이 좋습니다.

자기 자신을 마주하고 자기 스스로 생각하는 데에는 많은 힘이 필요하므로 정말 힘겨운 작업입니다. 누군가 하는 말을 곧이곧대로 받아들이고 결정하는 쪽이 훨씬 쉽고 편하니 무심결에 타인의 말을 따르고 싶어지지요. 하지만 후회 없는 인생을 살아가려면 스스로 생각하기를 포기해서는 안 됩니다.

마지막까지 생각하고 생각한 끝에 스스로 판단해서 행동하면, 어떤 결과가 찾아오든 '스스로 선택한 길이니 어쩔 수 없다'고 받아들일 수 있습니다. 후회를 완전히 없애기는 어려울지 몰라도 한층 줄어들겠지요.

그뿐만 아니라 이미 벌어진 일에 대한 생각을 바꾸는 것도 또 다른 방법입니다.

저는 어린 시절 부모님의 말씀을 귀담아듣지 않았다가 크게 다친 적이 있습니다.

"위험하니까 난로 앞에서 옷 갈아입으면 못써."

어머니가 그렇게 말씀하셨는데도 부모님이 집을 비운 사이 따뜻한 난로 앞에서 옷을 갈아입으려 했지요. 여동생도 저를 흉내 내느라 서로 난로 앞을 차지하려 다투다가 난로 위에 놓인 주전자가 엎어져 발에 큰 화상을 입고 말았습니다.

그때 입은 화상은 평생 지워지지 않는 상처로 남았습니다. 몇 번이나 수술을 받고 한때는 휠체어 생활도 해야 했고요. 당시에는 충격이 커서 '대체 왜 어머니 말씀을 듣지 않았을까?' 하는 후회와 부모님께 죄스러운 마음으로 가득했습니다.

하지만 점차 어른이 되면서 어린 시절의 그 사건은 저를 위한 교훈이 되었습니다. 지금은 상처를 볼 때마다 '경솔하게 행동하면 안 돼', '하면 안 되는 일은 안 하는 게 답이야' 하고 마음속으로 되새깁니다. '같은 잘못을 반복하지 않도록 붙잡아 주는 고마운 상처.'

이렇게 생각하려면 사람에 따라 어느 정도 시간이 필요할지도 모릅니다. 하지만 지난 일을 바라보는 관점과 생각을 바꾸면 후회와도 홀가분하게 이별할 수 있습니다.

※ 살아 있는 동안 무덤을 파자

인생에서 가장 강렬한 후회란 죽기 직전이 되어서야 '그때 그렇게 했으면 좋았을 텐데', '그 사람에게 미리 마음을 전할걸' 하며 뒤를 돌아보거나, 누군가 세상을 떠났을 때 '좀 더 잘 해줄걸' 하고 뒤늦게 뉘우치는 것이 아닐까요.

그런 순간에 후회가 들면 돌이키기가 어렵습니다. 따라서 후회는 젊을 때 실컷 하고 때로는 과감히 내려놓는 기술을 연마하는 것이 가장 좋습니다.

실패해도 좋다.

반성도 도움이 된다.

하지만 후회는 해롭다.

지금부터 이 점을 마음에 깊이 새겨둡시다.

건강하게 살아가는 동안에는 잘못을 뉘우치고 부족한 부분은 채울 수도 있습니다. "내일이 있으니까"라는 말이 유효하지요.

하지만 지극히 당연하게도 사람은 언제 세상을 떠날지 아무도 모릅니다. 자신뿐만 아니라 주변 사람들도 마찬가지이지요. 후회 없는 인생을 살려면 지금 마음속에 품은 응어리를 나중에 해결하겠다며 미루지 않고 매순간 온전히 마주하려 노력해야 합니다.

저희 스승님은 자주 이런 말씀을 하셨습니다.

"일찌감치 무덤을 파거라."

무덤을 판다는 말은 '제 스스로 파멸을 부른다'는 뜻으로 쓰이지만, 스승님은 다른 의미로 쓰셨습니다. 생전에 자신의 묘를 만들면, 그러니까 말 그대로 무덤을 파면 행복하게 살아갈 수 있다는 뜻이었지요.

뭔가 신령스러운 힘이 작용한다든지 영적인 의미가 있는 것이 아니라 자신의 묘를 만들면, 즉 죽음을 의식하면 '언젠가 나는 이곳에 잠든다'라는 자각이 생겨서 남은 인생을 허투루 흘려보내지 않고 하루하루 열심히 살겠노라 마음먹게 된다는 뜻입니다.

이 말을 처음 들었을 때는 어리둥절했지만, 지금은 어떤 의미인지 깊이 공감해서 틀린 곳 하나 없는 말이라고 실감할 정도입니다.

살아 있는 동안 무덤을 파는 것은 후회 없는 인생을 힘껏 뒷받침해 주는 효과적인 방법입니다. 그러니 마치 내일 죽을 것처럼 결단하고 온 힘을 다해 오늘을 살아야겠다고 생각해 봅시다. 자신의 행동과 말에 후회하는 날이 지금보다 훨씬 줄어들 테니까요.

❀ 슬픔도 일종의 분노다

이런 말을 하면 놀라는 사람도 있겠지만, 불교에서 '슬픔'이라는 감정은 삼독 가운데 '분노'를 가리키는 '진'에 해당합니다. 사람들은 슬픔에 잠긴 상태를 "마음이 아프다"라고 표현하지요. 슬픔은 마음이 어떤 공격을 받거나 본래 지니고 있던 뭔가를 잃었을 때 일어나는 감정입니다. 누군가에게 얻어맞아 물리적으로 '아프다'고 느끼고 화가 나는 원리와 같지요.

그래서 슬픔과 분노는 동일하게 다룹니다.

예를 들어 문제에 휘말려 다툼이 벌어졌을 때 "야, 뭐라고 했냐?" 하고 화내며 맞서는 사람이 있는가 하면, 슬픈 나머지 울음을 터뜨리는 사람도 있습니다. 같은 일이라도 상황과 성격에 따라 분노로 번지기도 하고 슬픔으로 번지기도 한다는 말이지요. 그것이 슬픔과 분노를 비슷한 감정으로 묶는 이유입니다.

슬픔은 기억과 감정을 제어하는 뇌의 전전두피질이라는 부위에서 감지합니다. 인간의 뇌는 기억력이 너무나 뛰어나서 과거에 경험한 슬픈 일을 쉽게 잊지 못합니다. 그래서 사람들은 몇 년도 전에 세상을 떠난 사람이나 이별한 상대를 떠올리고 눈물짓습니다. 인간 이외의 동물도 지금 눈앞에서 일어나는 일에 대해서는 슬픔을 느낀다고 합니다.

하지만 인간의 기억력과 상상력은 차원이 달라서 자기가 실제로 경험한 일뿐만 아니라 귀로 들은 것, 글로 읽은 것 그리고 다른 사건이나 지식 등 많은 정보가 맞물려 슬픔을 증폭합니다.

상상력이 너무 뛰어난 나머지 앞으로 다가올 미래 때문에 슬픔을 느끼는 경우도 있습니다.

예를 들어 부모님이 병에 걸려 이제 살날이 반년밖에 남지 않았다고 선고받는다면 어떨까요? 부모님이 눈앞에 살아 계심에도 불구하고 반년 뒤를 상상하며 낙담하고 슬퍼하고 눈물을 흘릴지도 모릅니다.

※ 제행무상을 잊지 말라

극심한 슬픔이 찾아왔을 때 우리는 자신의 마음을 객관적으로 바라보지 못하게 됩니다. 이를테면 삶이 영원하지 않다는 것은 누구나 아는 사실이지요.

하지만 가까운 사람의 죽음이 다가오거나 함께하던 반려동물이 심각한 병에 걸리는 순간 사람들은 객관성을 잃고 거스를 수 없는 현실을 제대로 마주하지 못하게 됩니다. 슬픔이 점점 커지면 자아, 즉 자기 안의 신념이 흔들리기 시작합니다. 그리고 자신이 품고 있는 '망상'과 '고정관념'이 몰래 이리저리 날뛰지요.

부모님은 언제까지나 곁에서 나를 지켜주는 존재이고 연인과의 사랑은 영원히 빛바래지 않는다는 착각 탓에 그것을 잃었을 때 슬픔이 더 커집니다.

고정관념이 단단하면 단단할수록 그 생각을 뒤흔드는 사건이 일어났을 때 도무지 감당할 수 없는 슬픔을 느끼게 되지요. 냉정하고 객관적으로 자신을 바라보면 보통은 나이가 많은 사람이 먼저 세상을 떠난다는 사실도, 거의 모든 연인이 언젠가 이별을 맞이한다는 사실도 실제로는 모두 이해하고 있습니다. 그럼에도 불구하고 그럴 리 없다고 믿고 싶어 하는 또 다른 자신(자아를 잃은 자신)이 얼굴을 내밀고 슬픔을 부추기지요.

결국 슬픔이라는 감정은 주로 소중한 누군가와의 이별 혹은 다른 사람의 공격(배신)에 의해 나타납니다. 자기도 모르는 사이 마음속에 자리 잡은 기대와 바람이 무너지거나 일부를 잃어버린 순간 모습을 드러내지요. 실제로 그런 일이 일어났음에도 받아들이고 싶지 않은 마음은 이해합니다. 곁에 있기를 무엇보다 바라는 대상이 멀어지는 일이니까요.

하지만 이럴 때는 제행무상을 꼭 떠올렸으면 합니다. 이 세상의 모든 존재는 일시적이고 끊임없이 변화하며 영원히 지속되는 것은 아무것도 없다는 사실. 이 점을 항상 마음에 새겨 둡시다.

떠나가는 대상이 가족, 연인, 친구 등 내가 사랑하는 사람이라면 물론 슬프기 그지없겠지요. 그럼에도 '언젠가 이별이 찾아온다'는 사실을 의식하고 있을 때와 전혀 생각지도 않았을 때는 닥쳐오는 슬픔의 크기도 사뭇 달라집니다. 이것이 슬픔이라는 감정을 다스리는 하나의 기술입니다.

❄ 슬픔을 다스리는 효과적인 기술

슬픔을 잠시 내려놓는 방법도 효과가 있습니다.

예를 들어 막 실연을 당했을 때 직장에서 갑자기 부서 이동이 결정되면, 새로운 일을 익히고 새로운 사람들과 관계를 쌓느라 정신이 없어 연애에 대해 생각할 시간과 마음의 여유가 없겠지요. 이렇게 슬픔에 빠질 겨를이 없는 상황이나 더 우선시해야 할 일을 스스로 만들어버리면 됩니다.

물론 가능한 경우에 한해서이지만, 직장을 옮기거나 이사를 가거나 여행을 떠나거나 새로운 뭔가를 배우기 시작하면 슬픔에 젖어 있을 상황이 아니니 마음속의 슬픔을 억누를 수 있습니다.

반대로 계속 같은 장소에 머물거나 슬픔의 대상과 함께한

나날이 떠오르는 환경에 있는 것은 좋지 않습니다. 아무리 시간이 흘러도 마음을 다잡지 못하고 기분이 가라앉으니까요.

핵심은 이성을 움직여 자신의 감정을 객관적으로 바라보는 것입니다. 논리적으로 상황을 바라보고 '슬픔에서 벗어나기 위해 나의 의지로 이 일을 하고 있다'고 의식한 상태에서 행동하면 슬픔을 좀 더 쉽게 다스릴 수 있습니다.

그런 의미에서 장례라는 절차는 아주 합리적이고 훌륭한 방법이라 할 수 있습니다.

가까운 누군가가 세상을 떠나면 큰 슬픔이 찾아오지만, 그와 동시에 고인과 친밀했던 사람들에게 소식을 알리거나 장례식장을 찾는 등 차례차례 할 일이 있는 데다 운구며 조문객 맞이며 발인이며 이어지는 절차로 정신이 없어지지요. 그리고 시신을 화장하고 유골함에 담아 봉안하거나 땅에 매장하고 의식을 거치면 눈코 뜰 새가 없습니다. 장례가 끝나면 이번에는 국가 기관에 각종 서류를 제출하거나 필요한 절차를 거쳐야 하고요.

"슬프지만 슬퍼할 새가 없어요."

말 그대로 슬퍼할 여유도 없는 상황이 얼마간 이어집니다.

그러다 보면 어느새 49제가 다가오는데, 그 무렵이면 조금은 마음을 추스를 수 있게 되는 경우가 많습니다. 원래라면 슬픔에 파묻혀 있어도 이상하지 않은 기간이지만, 감정을 뒤로 미루면서라도 해야 할 일이 눈앞에 있으면 그동안 슬픔이 모르는 사이에 조금씩 옅어지기 때문이지요.

그런 점에서 재를 올리거나 장례를 치르며 고인을 떠나보내는 의식은 슬픔을 위로하고 마음을 정리해 현실을 받아들이는 데 중요한 역할을 합니다.

❂ 마음껏 슬퍼하고 나면 보이는 것

마지막으로 한 가지 더 이야기하고 싶은 부분은 '마음껏 슬퍼하기'입니다.

사람의 감정은 아무리 크고 강해도 결국 뇌에서 세로토닌이라는 호르몬이 분비되어 점차 가라앉게 됩니다. 물론 사람마다 차이는 있지만, 슬픔이라는 감정이 한계에 달하면 그다음은 밝은 기분으로 서서히 바뀌게 되지요.

2011년 3월 동일본대지진이 일어난 이후 저는 이재민들을 돕기 위해 여러 번 재해지를 찾았습니다. 대지진 직후 이재민들이 느낀 충격과 슬픔은 상상을 초월했고 말로는 다 표현할 수 없을 만큼 커 보였습니다. 하지만 몇 년이 지난 뒤 물었을 때는 이렇게 답하는 사람이 많았습니다.

"뭐, 어쩔 수 없죠."

"이미 벌어진 일은 바꾸지 못하니 앞으로 열심히 살아야죠."

아마도 슬퍼할 만큼 한껏 슬퍼한 끝에 '슬픔이라는 감정만으로는 앞으로 나아갈 수 없다'는 사실을 받아들인 듯했습니다. 그런 경지에 이르면 감정보다 이성이 강해져서 다시 일어서려면 무엇이 필요한지 논리적으로 생각할 수 있게 되는 게 아닐까요? 상처를 털고 일어선 이들에게서 저는 그런 모습을 엿보았습니다.

슬픔은 몹시 쓰라린 감정이지만, 억지로 잊으려 하거나 참으려고 해서는 안 됩니다. 눈을 돌리고 싶다고 해서 마음을 완전히 덮어버리는 건 조금도 도움이 되지 않습니다. 마음을 치료하지 못한 채 방치해서 심신의 건강까지 해칠 수도 있지요.

중요한 건 내가 아끼는 무언가 혹은 누군가는 언젠가 자신을 떠나간다고 각오를 다지고 제행무상을 잊지 않은 채 하루하루를 보내는 태도입니다. 그리고 되도록 객관적으로 자신을 마주하고 있는 힘껏 슬퍼하거나 때로는 슬픔을 잠시 내려놓고 감정을 다스리려 노력해야 합니다. 노력을 거듭하다 보면 지금보다 한결 평온한 인생을 살아갈 수 있습니다.

3장

무지의 벽을

뛰어넘는 법

막연한
불안의 실체

※ 미래에 대한 상상력이 불안을 낳는다

특별히 문제가 있는 건 아닌데도 불구하고 왠지 모르게 마음이 초조하고 불안할 때가 있습니다. 불안은 인류의 뇌가 발달하며 획득한 기억력과 상상력이라는 두 가지 능력의 조합입니다.

2장에서 슬픔에 관해 이야기할 때 언급했듯이 분노에 속하는 감정은 주로 지금 눈앞에서 일어나는 사건이나 과거의 사건과 관련된 감정입니다. 반면 불안은 미래에 대해 상상력을 발휘했을 때 나타납니다. 이리저리 미래를 예측하고 "이렇게 되면 저렇게 대응해야지" 하고 대책을 세우는 것은 위험을 회피하고 오래도록 살아남기 위해 필요한 능력입니다.

하지만 불안에도 두 가지 종류가 있습니다. 가지고 있어도 좋은 불안과 가지고 있어도 의미 없는 불안입니다.

예를 들어 어떤 시험을 봐야 한다면 어떨까요?

'떨어지면 어떡하나' 불안한 마음에 열심히 공부하겠지요. 이런 불안은 목표로 다가가는 활력이 되므로 문제가 되지 않습니다.

반면 앞날이 왠지 모르게 불안해서 가슴은 답답한데, 막상 뭘 해야 좋을지 몰라 맥없이 하루하루를 흘려보낸다면 어떨까요? 이런 불안은 마음속에 품고 있어봤자 조금도 이롭지 않은 감정입니다.

불안이 느껴질 때는 자신이 무엇에 초조함과 근심을 느끼는지 명확하게 파악하고 문제를 해소하기 위해 구체적인 행동에 나서는 것이 중요합니다. 구체적인 행동으로 연결할 수 없는 막연한 불안은 마음에 품어봤자 의미가 없고 그저 마음

131

만 무거워질 뿐이지요.

불안에서 벗어나고 싶다면 그 점을 확실히 알아두어야 합니다.

❀ 현대 사회에서 가장 경계해야 하는 '공포'라는 감정

불안과 가까운 감정 중에 '공포'가 있습니다. 공포는 물리적인 것과 정신적인 것 혹은 양쪽 모두에 대한 감정입니다. 나보다 몸집이 크고 힘이 센 상대와 맞닥뜨렸을 때, 누군가 자신에게 위해를 가했을 때, 생명의 위협을 느꼈을 때 느끼는 감정이지요. 아주 동물적인 본능이라고 할 수 있습니다.

다시 말해 공포는 모든 동물이 기본적으로 갖추고 있는 정서이자 위험한 뭔가를 회피하기 위해서도 반드시 필요한 정서입니다.

그런데 현대 사회에는 눈앞에 심각하게 생명을 위협하는 존재가 없음에도 불구하고 많은 사람이 불필요한 공포를 느끼며 힘겨워하고 있는 듯합니다. 그런 의미에서는 지금 우리가 가장 경계해야 하는 감정이라 할 수 있지요.

이를테면 회사에 들어가 일을 하고 돈을 버는 것도 마찬가지입니다. 연 소득을 1억 원, 2억 원, 아니 그보다 더 많이 벌고 싶다고 열을 올리는 건 언뜻 보면 바람직한 모습처럼 보이기도 합니다.

하지만 반대로 말하면 '돈이 없으면 큰일 나', '돈을 더 많이, 더 많이 벌어야 해'라는 공포심에 사로잡힌 상태로도 볼 수 있습니다. 심지어 그런 공포심을 악용하는 사람도 적지 않지요.

주제와 조금 먼 이야기처럼 들릴지도 모르지만, 그런 감정을 이용해온 종교도 있습니다.

"○○하지 않으면 지옥에 떨어집니다."
"□□하면 나쁜 일이 일어나요!"

그렇게 불필요한 불안을 부채질하면서 말이지요.

본인은 '힘내자!', '더 노력해야지!' 하는 긍정적인 감정에 따라 행동하고 있다고 생각하지만, 실제로는 공포가 어떤 행동을 부추기거나 감정을 제어하고 있기도 하지요. 특히 현대 사회에서는 그런 일이 드물지 않습니다.

불과 물, 사자 같은 물리적인 외부의 적에 대한 공포는 줄어들었지만 그 대신 눈에 보이지 않는 것에 대한 정신적인 공포가 커지고 있다는 점이 현대 사회의 커다란 문제점입니다.

※ 불안은 나도 모르는 사이에 공포로 변한다

"나이 드는 걸 두려워하지 마세요."
"죽음에 대한 불안을 버리세요."

아무리 그런 말을 들어도 불안을 느끼지 않기란 어렵지요.

하지만 다른 동물들은 자신이 죽는다는 사실을 알지 못하고 죽음에 대한 불안과 공포도 느끼지 않습니다. 개도 고양이도 '나는 몇 살이 되면 세상을 떠날까?' 하고 미래를 그려보지는 않겠지요.

그런데 인간은 미래에 대해 불안을 느끼기 때문에 '병에 걸리면 어쩌지?' 하는 생각에 건강을 신경 쓰고, '안심하고 노후를 보낼 수 있도록 돈을 모아야지!' 하고 계획을 세우기도 합니다. 그런 면에서는 불안이 더욱 밝고 즐거운 인생을 살아가는 데 많은 도움이 된다고 할 수 있지요.

반대로 자신의 능력이 점점 뒤처지는 데 불안을 느끼지 않는 사람은 자만하고 나태해지기 쉽습니다. 실제로 고령자가 본인의 능력을 과신하고 자동차를 운전하다가 사고가 나는 일이 끊이지 않고 있습니다. 자신의 판단력이 둔해졌음을 알아차리지 못하고 '운전하다 사람을 해칠지도 모른다'는 불안을 느끼지 않아서이지요.

무작정 불안을 없애려 하기보다는 먼저 불안과 제대로 마주하는 것이 중요합니다. 모든 일에 돌다리도 두들겨보고 건너야 한다는 이야기는 아니지만, 위험을 피하는 데 도움이 되는 불안도 있다는 점을 꼭 기억해둡시다.

그보다 무서운 일은 의미 없는 불안이 계속해서 새로운 불안을 불러들여 눈치채지 못하는 사이에 공포로 변해버리는 것입니다. 뉴스가 가장 대표적인 예인데, 불안을 지나치게 부채질하면 어떤 사람은 공황 상태에 빠지기도 합니다.

공포라는 감정이 우위에 서면 이성이 제대로 작동하지 않아서 올바른 판단을 내릴 수 없게 됩니다. 심각한 경우에는 악의를 가진 사람에게 속아 몸과 마음이 망가지고 결국 병에 걸리기도 하지요. 이보다 더 불합리한 일이 있을까요. 지금은 수

상한 종교, 투자 세미나, 자기계발 강연은 물론 정부, 언론, 기업도 아무렇지 않게 사람들의 불안을 부채질합니다. 몹시 상투적인 수단이지요.

처음에는 아주 작았던 불안도 이런저런 '좋지 않은 이야기'를 먹고 공포로 자라나고, 공포심에 이성적으로 판단하지 못하게 된 틈을 타 파고드니 속을 수밖에 없습니다. 특히 요즘은 신종 코로나 바이러스와 경제 위기, 세계 각지에서 벌어지는 전쟁과 분쟁 등으로 누구나 크고 작은 불안을 느끼며 살고 있습니다.

그런 와중에 사람의 심리를 깊이 꿰뚫는 전문가가 나쁜 일을 꾸미면 어떤 일이 벌어질까요. 모든 사람이 지닌 불안이라는 약점을 쥔 셈이니 취약해진 타이밍에 말을 걸면 아무래도 냉정하게 판단하기가 어렵겠지요.

공포가 전염되면 세상을 크게 뒤흔들 만큼 커다란 에너지가 만들어지므로 인간의 불안은 결코 간과할 수 없는 감정입니다.

1973년 석유파동 당시 일본에서 일어난 화장지 사재기 소동이나 고등학생의 농담에서 비롯된 도요카와신용금고의 뱅

크런 사태(1973년 한 학생의 농담이 와전되어 은행이 위험하다는 뜬소문이 퍼지면서 순식간에 20억 엔이 인출되었다-옮긴이 주)처럼 이성적인 판단을 불가능하게 만드는 불안 덩어리는 공포 그 자체라 해도 과언이 아닙니다.

※ 불안과 공포를 느끼는 자기 자신을 인정한다

"다시 한번 이성을 되찾으려면 어떻게 해야 할까요?"

이때 필요한 것이 바로 명상입니다.

하루 한 번 자기 내면의 감정을 마주하고 그것이 정말 필요한 불안인지 되돌아보는 시간을 가지는 겁니다. 왠지 모르게 불안한 막연한 감정이 아니라 불안감의 알맹이를 구체적으로 '눈에 보이게' 만드는 것이 중요하지요. 명상을 하며 분명하게 알아낸 것을 노트에 적어보는 것도 좋습니다. 그런 다음 불안하게 느껴지는 일과 관련해 정보를 모으고 대처하기 위해 차근차근 준비를 해나가면 됩니다.

가라테로 처음 전국 대회에 나가게 되었을 때는 저도 커다란 불안감에 짓눌릴 뻔했습니다. 그때 선배가 딱 한마디를 남겼습니다.

"아무튼 연습에만 집중해."

불안을 마주하고 철저하게 연습하면 '나는 이렇게 열심히 연습했다'라는 자신감으로 이어집니다. 그러면 불안감은 자연히 작아지지요.

설령 불안 자체를 없애지는 못하더라도 할 수 있는 만큼 최선을 다해 준비하면, '이렇게까지 했는데도 안 되면 어쩔 수 없지' 하고 미련을 버릴 수 있습니다.

또 다른 방법은 상담사나 그 분야의 전문가라 불리는 사람에게 조언을 얻는 것입니다. 자기 내면의 불안을 들여다보지 못하고 냉정하게 상황을 바라보지 못할 때, 지금이라도 불안이 공포로 바뀔 것만 같을 때는 혼자서 발버둥 치지 말고 다른 사람의 힘을 빌리는 것이 좋습니다.

예를 들어 노후 자금 때문에 불안하다면 재무 설계사에게 상담하고, 취업이나 이직 문제로 골치가 아프다면 직업 상담사에게 이야기를 들어보는 것이지요. 바로 조언을 구할 수 있는 전문가나 상담사가 주변에 없다면 믿고 의지할 수 있는 지인이나 친구에게 털어놓아도 좋습니다. 다른 사람에게 솔직하게 말하면 감정에 사로잡혀 굳어 있던 마음에 다른 사람의 관점이 반영되어서 본인의 상황을 한결 객관적으로 바라볼 수 있으니까요.

결국은 자기 스스로 해결책을 찾아야 하지만, 다른 사람의 조언은 해결책의 실마리를 잡는 계기가 되기도 합니다. 제 유튜브 채널인 '다이구 스님의 일문일답'에서 전하는 이야기도 차분하게 생각할 여유를 잃어버린 사람들에게 이성을 되찾아주기 위한 내용들이지요.

어지러운 마음에 시원한 물을 끼얹는다고 해야 할까요? "이렇게 생각해보면 어떨까요?" 하고 불안의 정체를 다시 바라보도록 조언하는 셈이지요.

물론 가족에게 기대는 것도 좋지만, 여기서 포인트는 가족 이외의 '제삼자'에게 의지한다는 데 있습니다. 매우 이성적이고 현명한 가족이 있다면 다르겠지만, 자기 자식이나 부모, 형제가 괴로워하면 어떻게든 해주고 싶다는 마음이 지나치게 강해서 함께 불안의 구렁텅이로 빠져들어 냉정하게 판단하기가 어렵기 때문입니다.

어떤 상황을 판단할 때는 두 가지 시스템이 작동합니다.

하나는 경험에 따른 직감이고, 또 하나는 논리적인 사고에 따른 결단이지요. 직감은 맞을 때도 있지만 빗나갈 때도 있습니다. 데이터에 비추어보면 단순히 고정관념에 지나지 않는 경우도 있고요. 직감에 따라 감정적으로 판단하면 바람직하지 않은 미래로 이어지기 쉬우며 올바른 선택을 내리지 못한다는 점을 이성을 통해 온전히 이해하는 것이 불교의 비결입니다.

무엇보다 중요한 건 불안과 공포를 무작정 부정하지 않고 그런 감정을 느끼는 자신을 깨끗이 받아들이는 일입니다. '나는 ○○에 불안을 느끼는구나' 하고 명확하게 사실을 파악하고 스스로 인정하는 것이지요.

그런 다음 '정말 그럴까?' 하고 한발 물러나서 차분하게 생각해보면 됩니다.

이것이 부처의 지혜이자 불안에 대처하는 올바른 방법입니다.

인생의

우선순위를 알면

조바심이 사라진다

❋ 희망과 절망 사이에 있는 '조바심'이라는 감정

조바심은 불안과 닮은 또 다른 감정입니다.

"회사에서 생각만큼 성과가 잘 나오지 않아요."
"앞으로 어떻게 살아야 할지 눈앞이 캄캄해요."
"결혼하고 싶은데 연애가 쉽지 않아요."

이렇게 중요한 문제와 관련해서 초조함을 느끼기도 하고,

"상사가 갑자기 급한 일을 맡겼어요."
"생각지 못한 문제가 생겨서 약속 시간에 늦게 생겼어요."

위와 같이 일상에 뜻하지 않게 찾아오는 작은 사건들 때문에 초조해하기도 합니다. 어느 쪽이든 평정을 잃고 당황한 상태이지요.

불안이나 공포와 비교하면 조바심은 '아직 할 수 있는 일이 있다'고 마음 한구석에 희망을 품고 있으면서도 뭘 해야 할지 구체적인 해결책이나 대책은 떠오르지 않는 상태라고 할 수 있습니다.

☼ 조바심을 발전적인 에너지로 바꾼다

방법이 떠오르지 않는데도, 마음을 졸여봤자 상황은 아무것도 달라지지 않는데도, 감정을 쉽게 억누르지 못한다는 점이 조바심의 가장 큰 문제점입니다. 그래서 안달복달하고 당

황하다 사고를 일으키거나 주변 사람에게 짜증을 내서 관계를 망치기도 하지요.

철도 회사의 과실이 아닌 사고 때문에 지하철이 연착되었을 때 상황에 대처하려 애쓰는 역무원에게 공연히 화풀이를 하는 사람도 있습니다. 화를 낸다고 지하철이 빨리 움직이는 것도 아니건만, 정말 마음에 여유가 없는 사람이라는 생각이 들지요.

초조함은 반드시 실수를 만들어냅니다. 조바심은 아무런 도움도 되지 않는 데다 언제나 속을 태우느라 마음의 여유가 없는 사람은 느긋하고 태평한 사람보다 스트레스를 많이 받으니까요.

다만 조바심이라는 감정을 완전히 부정할 필요는 없습니다. 역전 현상이라는 말이 어울릴지는 모르겠지만, 때로는 조바심이 오히려 빛을 발하기도 합니다.

새로운 것을 창조하는 예술가는 마감이 얼마 남지 않아 정신적으로 궁지에 몰렸을 때 별안간 좋은 아이디어를 떠올리고 근사한 작품을 완성하기도 합니다. 결코 드문 이야기는 아니지요. 위기에 처했을 때 오히려 냉정하게 마음을 다잡고 대처하거나 평소 같았으면 절대 낼 수 없을 법한 힘을 발휘해서 위기에서 벗어나기도 하고요.

늘 준비를 게을리해서 안달복달하고 다른 사람에게 폐를 끼치는 건 좋지 않지만, 가끔은 괜찮지 않을까요?

※ 무엇을 우선시할지 정해둔다

그래도 가능하다면 조바심이라는 감정까지 말끔히 내려놓고 싶은 사람도 있겠지요.

조바심을 없애려면 어떻게 해야 할까요?

특효약이라고 하기에는 조금 약할지도 모르지만, 가장 바람직한 방향은 앞서 이야기했듯이 조바심을 적절히 이용해서 긍정적인 힘으로 바꾸는 것입니다. 그리고 마음이 조마조마한 상황에서 무엇을 선택할지 미리 우선순위를 정해두는 것이 중요합니다. 마음이 조바심으로 가득해지더라도 이성을 발휘해 주어진 상황에서 어떻게 행동해야 좋을지 객관적으로 생각하다 보면 초조함도 조금씩 옅어집니다.

예를 들어 회사의 직속 상사가 고압적이고 늘 업무를 재촉하는 사람이라면 어떨까요? 역시 마음이 초조하고 조급하겠지요.

하지만 예사로운 일로 받아들이고 자신도 상황에 익숙해지도록 만들면 자연히 초조함도 점차 줄어듭니다. 조바심은 몸과 마음이 긴장했을 때 나타납니다. 긴장이란 몸이 어떤 특정한 상황에 집중하라고 말하고 있다는 증거이지요. 따라서 뭔가를 생각할 좋은 기회라고 긍정적으로 받아들이는 것이 좋습니다.

반면, 좀 더 막연한 조바심에 시달리는 경우도 있습니다. 주변 친구들이 하나둘 결혼해 가정을 꾸리는데 자신은 그런 상대도 만남도 없다고 느낄 때나, 동기들은 착실히 커리어를 쌓고 있는데 자신은 몇 년째 제자리걸음이라고 느낄 때처럼 말이지요.

그럴 때는 앞서 다룬 불안과 마찬가지로 내가 무엇에 초조함을 느끼는지 그리고 무엇을 가장 중요하게 여기고 싶은지 명확하게 파악하고 우선순위를 분명하게 정하면 됩니다. 만약 어찌 됐든 결혼을 서두르고 싶다면 적극적으로 만남의 기회를 만들거나 친구에게 소개를 받는 것이 좋겠지요. 반대로 곰곰이 생각해보니 그저 주위에 휩쓸려 조바심을 느꼈을 뿐, 지금은 결혼보다 일을 우선시하고 싶다는 자신의 본심을 깨달을지도 모릅니다.

조바심의 정체를 분명히 파악하고 거기에 알맞게 행동하면 초조함은 자연히 모습을 감춥니다.

마음이 초조해 긴장 상태가 계속 유지되면 심신에 부담이 되고 심각한 경우에는 마음의 병을 얻을 수도 있습니다. 그런 사태를 막으려면 조바심에 휘둘리지 않도록 마음을 잘 들여다보아야 하지요.

적응하기, 익숙하게 만들기, 이용하기, 곰곰이 생각해서 우선순위가 높은 행동 선택하기. 이 방법들을 계속해서 실천해 봅시다.

‘행동’으로

상대를 평가한다

❂ 우선 뭐든 의심해보자

앞서 불안과 공포에 대해 알아보았습니다.

불안과 공포를 맛본 경험이 점점 쌓이다 보면 뭐든 믿기가
어려워져서 '불신'이라는 감정이 싹트기 시작합니다. 공포에
관한 이야기에서도 다루었듯이 살아가며 커다란 위기나 위험
을 피하기 위해서는 꼭 필요한 두려움도 있습니다. 인간이 포
식 동물에게 위협받던 시절에는 공포와 불신이 곧 신중한 행

동으로 이어져 오래도록 생존하는 비결이 되었지요.

오늘날에는 갑자기 적이 나타나 습격하는 일은 드물지만, 반대로 우리를 정신적으로 위협하는 대상을 향한 의문과 불신은 더욱 중요해졌습니다. 회사를 경영할 때도, 인생을 살 때도, 세상에는 좋은 사람뿐만 아니라 누군가를 속이고 궁지로 몰아넣으려는 사람이 많지요. 그야말로 악의로 가득 찬 사람입니다.

현대 사회에는 투자 사기, 보이스 피싱, 다단계 판매 따위가 만연하니 우선은 의심해보는 것도 무척 중요합니다. 과거와는 상황이 많이 달라졌지만, 불신은 여전히 인간의 생존에 꼭 필요한 감정입니다.

❈ 인생에는 적당한 불신이 필요하다

하지만 불신과 의심이 지나치게 강한 사람은 스트레스가 쌓이기 쉽습니다.

'이 사람은 믿을 수 없는 사람일지도 몰라', '나를 속이려는 속셈이 아닐까?' 하고 겁을 먹으니 늘 마음이 편치 않지요.

불안과 공포가 너무 크면 불신은 더 크게 몸집을 불립니다. 즉, 불신은 자신에게 해를 끼치거나 불이익을 줄까 봐 두려워 하는 감정이라고도 할 수 있습니다. 그러나 끊임없이 의심하 며 다른 사람을 대하면 나 또한 아무도 믿어주지 않는다는 점 에 주의해야 합니다.

'사실인가?'

'거짓말하는 거 아니야?'

이렇게 항상 의심의 눈초리로 상대를 바라보면 누구도 호 감을 가지기는 어렵겠지요.

누군가를 쉬이 믿지 않는 것 자체는 중요합니다. 하지만 지 나친 불신은 끝없는 의심을 낳고 몸과 마음을 피폐하게 만들 뿐만 아니라 본인도 다른 사람의 믿음을 얻지 못해 외면당할 가능성이 있습니다.

이를테면 운전면허를 따기 위해 안전하게 운전하는 방법 을 배울 때 언제 사람이 튀어나올지 모르니 위험한 상황을 어 느 정도 예측할 수 있어야 한다고 배우지요. 사실 이런 사고방 식은 불교의 가르침과 일맥상통합니다. 불신 없이는 차를 안

전하게 운전할 수 없습니다. 그렇다고 지나치게 믿지 못하면 이번에는 운전 자체가 두려워져서 액셀을 밟을 수조차 없게 되지요.

불교에서 말하는 '늘 스스로를 관찰하고 자신의 행동에 주의를 기울여야 한다'는 이야기도 내가 어떤 잘못을 저지를지도 모른다고 스스로를 경계하지 않으면 우쭐하고 자만하기 쉽다는 의미입니다. 다만 자기 자신과 주위에 지나친 불신을 품으면 어떤 일이든 제자리걸음에 그치니 적절한 균형이 중요합니다.

※ 스스로 생각하고 믿을 수 있는 사람과
답을 맞춰보자

누군가의 말을 그대로 받아들이고 비판이나 의문도 없이 그대로 믿는 것은 삼독 가운데 '치', 즉 무지에 해당합니다. 한마디로 어리석다는 뜻이지요.

부처는 제자들에게 가르침을 내린 뒤 반드시 이렇게 덧붙였습니다.

지금 내가 한 이야기에 의문이 들거나 마음에 걸리는 점이 있다면 주저 말고 질문하거라.

그럼에도 아무도 손을 들지 않으면 다시 한번 같은 질문을 반복했습니다. 그리고 그 과정을 두 번이든 세 번이든 모두가 납득할 때까지 거듭했지요.

부처는 왜 그렇게 했을까요? 설령 상대가 부처이더라도 누군가 한 말을 맹목적으로 받아들여서는 안 된다, 오히려 의심하고 아주 과감히 물음표를 던져야 한다고 가르치기 위해서였습니다.

이와 더불어 지혜가 부족한 사람이 열심히 생각해서 자기 나름대로 합리적인 판단을 내리더라도 어리석은 건 변함이 없다고 부처는 결론지었습니다.

어리석은 자는 혼자 판단하지 말고 현명한 이의 말에 귀 기울여야 한다. 그리고 자신이 생각한 답을 현명한 사람의 의견에 비추어보라. 만약 일치하지 않는다면 자신이 어리석음을 인정하고 자기 생각을 의심해보아야 한다.

부처는 이런 가르침을 남겼습니다.

이 이야기는 '다른 사람도 나 자신도 믿지 말라는' 뜻은 아닙니다. 자기가 온전히 믿을 수 있는 사람, 훌륭한 사람 또는 지혜로운 사람을 곁에 두고 그 사람의 의견을 늘 귀담아들어야 한다는 것. 그러면서도 그 사람의 말이 '정말 옳은지' 항상 스스로 생각해보아야 한다는 뜻이지요.

이 점을 전제로 삼으면 필요 없는 불신이란 신뢰해 마땅한 사람을 믿지 못하는 감정이라 할 수 있습니다. 어리석은 사람이 자기 혼자 생각하고 판단하면 자기도 모르는 사이에 길을 벗어나고 맙니다. 의견을 구해야 할 상대, 정말 믿을 수 있는 사람에게 묻지 않은 탓에 어느새 의심스러운 사람을 옳다고 굳게 믿고 속아 넘어가는 것이지요.

부모님이라고 무조건 옳은 건 아니지만, 어려운 일이 있을 때는 자식을 위해 조언을 아끼지 않습니다. 이렇게 당신을 진심으로 걱정하고 생각하는 사람을 믿지 못하게 되면 끝이나 다름없지요. 불신은 중요한 감정이지만, 정말 믿어야 할 존재를 믿지 못하면 더는 손을 쓸 도리가 없습니다. 불신이라는 감정이 '무지'에 속하는 이유이자 다루기 어려운 점이기도 하지요.

⁂ 믿음직한 사람을 가려내는 방법

'다이구 스님의 일문일답'에서 이런 질문을 받은 적이 있습니다.

"다이구 스님은 믿어도 될까요?"

요즘 같은 시대에는 교묘하게 사람을 세뇌하는 기술이 있다고 할 만큼 세상이 흉흉하니 말이지요. 저는 이렇게 답하겠습니다.

"아뇨, 저도 의심해주십시오."

이는 곧 불교의 사고방식과 자세이기도 합니다.

앞에서도 이야기했듯이 부처는 의문이 완전히 사라질 때까지 제자들에게 질문을 받았습니다.어떤 질문이든 모두 들어주고 어떤 비판이든 받아들였습니다. 만약 여러 각도에서 이론을 무너뜨리려 애썼음에도 결국 무너뜨리지 못했다면, 그건 당신이 진심으로 받아들일 수 있고 믿을 가치가 있는 이야기가 아닐까요?

교육과 세뇌에는 분명한 차이가 하나 있습니다. 교육은 상대에게 보탬이 되도록 정보를 전하지만, 세뇌는 자신에게 이득이 되도록 정보를 전합니다. 결국 손수 지식을 익히고 경험하고 나아가 판단하는 것이 중요하지요.

현대 사회에는 다양한 가치관이 충돌하고 좋고 나쁜 정보들이 한데 뒤섞인 채 넘쳐납니다. 따라서 자신에게 정말 중요한 정보를 가려내기 위해서는 좋은 의미의 '불신'이 필요하지요.

자기 자신에게마저 의문을 가질 것.

그리고 타인도 한 번은 의심해볼 것.

그런 다음 지혜를 발휘해 다양한 각도에서 검증한 끝에 지금 가장 바람직한 방향을 고르고 믿을 것.

조금 더 구체적인 방법은 부처가 남긴 말 속에서 찾을 수 있습니다.

그 사람이 하는 말이 아니라 그가 이룬 것이나 결과를 보라.

다시 말해 말만 번지르르하고 행동이 따르지 않는 사람은 믿을 만한 사람이 아니라는 뜻입니다.

"아니, 스님인데 다른 사람을 의심하라니요."

이렇게 말하는 사람도 있지만, 그게 바로 부처의 가르침입니다. 그래서 저는 누구의 말이든 꼭 한번 의문을 가지고 봅니다.

그러면 나를 위해 진심으로 조언해주는 사람 그리고 정말 지혜로운 사람을 가려낼 수 있습니다.

체념하면
　　정말 소중한 것이 무엇인지
분명해진다

❀ 이 세상의 끝은 새로운 세계로 가는 첫걸음

"좋아하는 사람과 헤어졌어요."

"소중한 사람이 세상을 떠났어요."

"꼭 들어가고 싶었던 회사에 떨어졌어요."

"믿었던 사람에게 배신당했어요."

이런 순간이 찾아오면 사람들은 세상이 무너진 듯 절망합니다. 하지만 절망은 갑자기 찾아오지 않습니다. 절망에 도착하기까지 몇 가지 단계를 밟아 슬픔과 상심 등 다른 부정적인 감정들이 반드시 나타나지요. 먼저 모습을 드러낸 이런 감정들이 점차 뚜렷해지다가 절망으로 옮겨 갑니다.

절망적인 상황에 처하면 누구나 큰 충격을 받기 마련입니다.

'이제 이 세상은 끝이야.'
'더는 살아갈 희망이 없어.'

심지어 이런 생각에 사로잡히기도 합니다.

모든 의욕을 잃어 무기력해지고 웃음을 잃어버리고 다른 사람과 거리를 두고, 최악의 경우에는 스스로 목숨을 끊기도 하고……. 절망이라는 감정이 비극을 불러오는 경우는 생각보다 많습니다. 몸과 마음에 일시적으로 큰 타격을 입어서 일이나 공부, 일상생활마저 제대로 꾸려나가지 못하거나 판단력이 흐려지기도 합니다. 글자 그대로 '희망望'을 '끊어버린絶' 셈이니까요.

하지만 절망했다고 해서 모든 일이 끝나버리는 건 아닙니다. 반대로 상황을 긍정적인 방향으로 받아들일 수도 있지요.

절망했다는 건 다시 말해 한계에 다다른, 지금보다 더 잃을 것은 없는 상황이라는 뜻입니다.

그렇다면 이 상황은 괴롭지만 자신이 원한 건 원래 손에 넣을 수 없는 존재였다고 완전히 다른 관점에서 바라보거나, 애초에 나에게는 필요 없는 것이었다고 달리 생각해보면 어떨까요? '어떤 방향성에 대한 희망이 사라졌다'는 말은 '다른 방향성에 대한 가능성이 열렸다'는 뜻이기도 합니다. 절망이 찾아온 순간은 어쩌면 나에게 정말 중요한 것이 무엇인지 알아낼 좋은 기회일지도 모릅니다.

※ 밑바닥까지 떨어진 순간 보이는 것

지금은 '다이구大愚'라는 이름을 쓰고 있지만, 저의 법명은 본래 '부쓰도仏道'였습니다. 과거에 맛본 '절망'이 이름을 바꾸는 계기가 되었지요.

승려로서 수행하던 저는 '어서 깨달음을 얻어야 한다', '더 좋은 사람이 되고 싶다'라는 생각에 줄곧 사로잡혀 있었습니다. 하지만 아무리 수행에 힘써도 좀처럼 원하는 경지에 오를 수 없었지요. 인생에 좌절한 저는 스승님께 더는 안 되겠다고 편지를 썼습니다. 돌아온 스승님의 답장에는 이렇게 적혀 있었습니다.

"떨어지거라! 떨어질 만큼 떨어져봐! 너는 터무니없이 어리석은 놈이다. 그러니 오늘부터 네 이름은 '큰 바보大愚'라고 하거라."

스승님의 편지를 읽고 깨달았습니다. 아, 그렇구나, 나는 자신의 어리석음을 인정하지 못하고 있었구나, 하고요. 그리고 '조금 더 조금 더' 바라는 욕심과 고집을 내려놓고 새로운 마음가짐으로 다시 시작할 결심을 다졌습니다. 이 사건이 제 인생의 전환점이 되었지요.

저는 이렇게 생각합니다.

어중간한 충격은 치명상이 되지 않아서 모두가 또다시 어리석은 일을 반복한다고.

어차피 충격을 받아야 한다면 다시 일어설 수 없을 만큼 클수록 좋다고.

그러면 다음 단계로 나아갈 수 있으며 비슷한 실수를 반복하지 않는다고.

따라서 절망은 되도록 일찍, 가능한 한 젊을 때 맛보는 것이 더 좋다고.

절망이라는 감정을 이토록 긍정적이고 발전적인 시선으로 바라보고 있습니다. 절에서는 날마다 제자들에게 어서 절망하라고, 하루 빨리 절망을 맛보라고 이야기합니다. 다들 고집이 세서 좀체 절망하지 않지만요, 허허.

절망을 딛고 다시 일어서는 것은 그동안 품고 있던 바람을 내려놓았음을, 마침내 체념할 수 있게 되었음을 뜻합니다. 여기서 체념은 결코 나쁜 일이 아닙니다. 불교에서는 번뇌와 그릇된 생각을 모조리 버려야 한다고 말합니다.

식욕, 성욕, 권력욕, 물욕 같은 욕심을 놓아버려야만, 즉 체념해야만 비로소 '깨달음'에 다가갈 수 있지요. 체념에는 '포기한다'는 의미도 있지만, 불교에서는 '밝혀내다, 깨닫다'라는 뜻으로도 쓰입니다.

정말로 필요한 것인지 아닌지 분명하게 가려내는 일.

설정한 목표가 정말 실현 가능한지, 자신의 특성에 알맞은지 파악하는 일.

위 같은 일들을 '체념'과 동일하게 여겼지요. 정말로 필요한 것이라면 무슨 일이 있어도 포기하지 못합니다. 포기할 수 있었다는 건 나에게 정말로 필요한 존재가 아니었다는 의미이지요.

'나에게 알맞은 다른 무언가가 있다.'
'절망 뒤에 있는 것은 희망뿐이다.'

이런 사실을 비로소 깨달았다고 생각합시다.

⚘ 체념하지 못하면 괴로움이 사라지지 않는다

체념하고 받아들이는 자세는 인생의 어떤 순간에든 도움이 되고 큰 효과를 발휘합니다. 진학이나 취직에 실패해 좌절한 경우는 아주 전형적인 사례이지요.

한 학생은 성실히 학교에 다녀 등급도 더할 나위 없고 모의고사에서 늘 지망 대학에 충분히 합격할 수 있는 성적을 받았습니다. 그런 학생이 입시에 실패하면 틀림없이 절망에 빠지겠지요. 바로 체념하지 않고 같은 대학을 목표로 다시 도전하는 건 물론 괜찮습니다.

하지만 이듬해에도, 그다음 해에도 실패해서 삼수, 사수까지 계속 거듭한다면 어떨까요……. 그 대학은 이 학생에게 정말 필요한 학교가 아니었다는 뜻이 아닐까요? 마지못해 자기 성적으로 안전하게 들어갈 수 있는 학교에 들어간 경우도 마찬가지입니다. 많은 학생이 자신의 상황을 제대로 받아들이지 못하고 4년간 괴로워하고 한탄하지요.

'이런 학교에 올 생각이 아니었는데.'
'여기는 내가 있을 곳이 아니야.'

현실을 똑바로 바라보지 못하고 동기들을 깔보면서 학교생활을 합니다. 그러다 취직도 자기 뜻대로 되지 않으면 자신에게 없는 무언가를 바라며 점점 더 '생떼'를 쓰게 되고요. 원하던 학교에 떨어져 절망했을 때 '그 대학과는 인연이 없었구나', '이게 지금의 내 진짜 실력이니 어쩔 수 없지' 하고 자신이 처한 상황의 의미를 제대로 바라보았다면, 고뇌와 열등감 없이 새로운 마음으로 값진 캠퍼스 라이프를 보낼 수 있었을지도 모릅니다.

연애를 할 때도 마찬가지입니다. 좋아하는 사람에게 거절당해 좌절하더라도 언제까지고 질질 끌어서는 끝이 없지요. 나와 더 잘 맞는 사람, 더 멋진 사람을 만날 기회가 생겼다고 생각하면 어떨까요?

이 세상에서 '성공한 사람'이라 불리는 이들은 대부분 지난날 쓰디쓴 절망을 맛보았습니다. 자신이 가던 길에 희망이 없음을 깨달았기에 새로운 길에서 희망을 발견하고 성공의 길로 방향을 돌릴 수 있었지요. 성공한 사람은 대개 그런 과정을 거쳐 왔습니다.

일본 개그계의 전설인 아카시야 산마는 예전에 이런 말을 했습니다.

"살아 있는 것만으로도 이득이다."

정말 그 말 그대로이지요.

긍정적인 사고방식의 결정체와 같은 아카시야 산마의 삶은 절망에 빠진 사람들에게 둘도 없이 좋은 본보기가 될 듯합니다.

❁ 죽음의 절망을 극복한 어머니의 강한 마음

죽음을 생각해야만 하는 상황이 닥쳐 낙담했을 때도 우리는 이런 사고방식을 잊어서는 안 됩니다. 예를 들어 말기 암 진단이 나와 시한부 선고를 받는다 해도 좌절하고 움츠러들 필요는 없습니다.

암에 걸리면 누구나 큰 충격을 받습니다. 하지만 죽는다고 정해진 것은 아니고 지금은 엄연히 살아 있지요. 너무 충격적인 소식에 자신이 아직 살아 있다는 사실을 모두 깜빡 잊고 맙니다. 하지만 거기서 희망을 찾지 못하면 남은 귀중한 시간을 행복하게 보낼 수 없습니다.

건강하게 생활하지 못했다며 후회하거나 괴로워하고 슬퍼하는 사이에도 시간은 점점 흘러갑니다. 그러기에는 너무나 아까운 시간인데 말이지요. 한정된 시간을 값지게 쓸 수 있도록 '앞으로 남은 시간을 후회 없이 보내야겠다'고 희망을 품어야 합니다.

"하고 싶은 일이 있으시면 해보세요. 가고 싶은 곳이 있다면 가보시고요. 사과하고 싶은 사람이 있다면 어서 미안하다고 말씀하세요."

병에 걸려 살날이 얼마 남지 않은 분에게 저는 늘 이렇게 말합니다.

가까운 사람 중에서는 특히 저희 어머니의 이야기를 소개하고 싶습니다. 어머니는 절망을 희망으로 바꿔 그야말로 기적 같은 일을 일으켰습니다.

어머니는 5년 전쯤 건강검진에서 대장암 3기라는 진단을 받고 의사에게 이런 말을 들었습니다.

"암이 다른 곳으로 전이되었을 가능성이 있고, 설령 수술로 암을 제거하더라도 나이가 나이인지라 걷지 못하게 될 수도 있습니다."

그때 어머니의 나이는 82세였습니다. 걷지 못하게 될 위험을 무릅쓰고 수술을 받을 것인가 아니면 수술 없이 치료받으며 남은 인생을 누릴 것인가. 큰 결단을 내려야 했습니다.

"절제하라고 하시면 해야겠지요. 하지만 전이가 발견되면 재수술이 필요합니다. 체력을 생각하면 수술은 하지 않는 게 나을지도 모릅니다."

이것이 의사의 의견이었습니다.

하지만 어머니는 '한 번 죽었다고 생각하면 뭐든 할 수 있다'면서 위험을 감수하고 수술이라는 길을 선택했습니다. 머지않아 죽음이 찾아와도 어쩔 수 없다고 '체념하고' 마음을 내려놓았기에 중요한 결단을 내릴 수 있었지요. 그리고 어머니는 그 '모험'에서 승리를 거두었습니다. 수술은 성공했고 전이도 발견되지 않았으며 힘겨운 재활을 이겨내고 당당하게 일상으로 돌아갔습니다. 벌써 5년이 넘게 지났지만 여전히 건강하게 생활하고 계시고요.

누군가에게 어떤 마지막이 기다리고 있을지는 아무도 알지 못합니다. 그러니 자기 인생은 스스로 선택해서 후회 없이 살아가야 하지요. 만약 어머니가 걷지 못하게 되거나 암이 전이되어 상태가 급격히 나빠졌다 하더라도 스스로 선택한 결과라면 분명 후회 없이 떠날 수 있었을 겁니다. 중요한 건 절망했을 때야말로 마음을 단단히 먹는 일이지요.

절망한 순간에야말로 마음을 굳게 먹어야 한다. 자기 자신을 다시 한번 바라보고 최선의 길을 찾아야 한다. 방법은 오직 그것뿐이다. 안달하고 갈팡질팡하고 허둥대며 자신을 잃어버리는 것은 어리석은 자가 하는 일이다. 죽음은 누구에게나 찾아오건만 더 어두워질 필요가 있겠는가. 어차피 죽는다면 마지막 순간까지 있는 힘껏 밝게 살아가보자.

부처의 가르침을 알기 쉽게 설명하자면 위와 같이 말할 수 있습니다.

절망에서만 피어나는 희망도 있다.

부디 이 점을 잊지 말고 마음속에 간직합시다.

4장

욕심의 벽을 뛰어넘는 법

내가 부러워하는
그 사람만큼
노력할 수 있는가

❋ '동경'과 '부러움'의 차이

'나도 저 사람처럼 되고 싶어!'

여러분도 어린 시절에는 "나중에 크면 뭐가 되고 싶니?"라는 질문을 여러 번 받았을 겁니다

어릴 적에는 어른이 된 지금보다 순수한 마음으로 "프로 야구 선수가 되고 싶어요!", "아이돌이 될 거예요!" 하고 동경하는

누군가를 떠올리며 그 사람처럼 되고 싶다고 생각했겠지요.

누군가를 부러워하는 마음 중에는 '선망'이라는 감정이 있습니다. 선망과 '동경'은 비슷하지만 조금 다른 뉘앙스로 이해해야 합니다. 동경에는 자기가 바람직하다고 여기는 이상적인 모습이 있고, 자신도 닮기를 바라거나 마음이 끌리는 것을 가리키지요.

반면 선망은 어디까지나 '부러워하는' 감정에 지나지 않습니다.

"나보다 월급을 많이 받아서 좋겠다."

"큰 집에 살아서 좋겠네."

"좋은 차 몰아서 정말 부러워."

"예쁘고 날씬해서 참 좋겠네."

모두 자신과 타인의 형편이 다르다는 데서 싹트는 감정이며, '이렇게 되고 싶다'고 상상하는 모습도 항상 다른 사람과의 비교를 통해 만들어집니다. "프로 야구 선수가 되고 싶어요!", "아이돌이 될 거예요!" 하고 눈을 반짝이며 미래의 자신을 상상하는 아이들의 모습과는 사뭇 다르지요.

이러한 부러움은 불교에서 말하는 '교만'에 해당합니다.

툭하면 다른 사람과 자신을 비교하는 동물이기에 생기는 욕구. 다시 말해 불교에서는 가져서는 안 되는 감정, 버려야 하는 감정으로 여기는 번뇌이지요. 늘 다른 사람과 하나하나 비교해서는 끝이 없습니다. 더 많은 돈, 더 큰 집, 더 좋은 차, 더 멋진 외모……. '더' 바라는 욕구에는 한도 끝도 없어서 아무리 바라도 선망은 충족되지 않습니다.

하지만 동경은 다릅니다. 스스로 이상적이라 생각하는 모습이 분명히 존재해 거기에 다가가고자 노력하는 원동력이 되지요. 아주 근사한 마음가짐입니다. 선망에 사로잡혀 끊임없이 다른 사람과 견주며 작은 우월감이나 열등감에 젖어 있는 한 인생은 행복해지지 않습니다.

자신이 그리는 모습을 좇는 것이 아니라 선망에 쫓기며 사는 인생. 스스로 납득하지 못한 채 분수에 맞지 않는 것을 바라며 '좀 더 좀 더'만 좇으며 일생을 마감하는 삶. 그런 비굴한 인생이 되어버립니다.

"부러움이 아닌 동경을 품으세요."

제가 소리 높여 전하고 싶은 말은 이 한마디뿐입니다.

사람은 동경이라는 감정이 있기에 성장합니다. 그러므로 자기 자신을 더 크게 키울 양식으로 삼아야 하지요. 부러움은 자신보다 뛰어난 대상을 만났을 때 나타나는 감정이며, 자신보다 부족하다고 느끼는 대상에 대해서는 품지 않습니다.

예를 들어 '저 사람은 어쩜 저렇게 일을(혹은 공부를) 잘할까?'라는 생각이 들었다면, 그 사람과 자신을 비교하는 것이 아니라 상대를 면밀히 관찰하고 자신도 본받을 수 있도록 노력하면 됩니다.

그런데 감정이 잘못된 방향, 나쁜 방향으로 가버리면 '왜 저놈만……', '어차피 나 같은 건 글렀어' 같은 시기심과 자격지심이 되어버립니다. 그러면 이번에는 '짜증 나네', '끌어내려야겠어' 하고 발목을 잡는 데 힘을 쓰게 되지요.

겉으로 잘 드러내지는 않지만, 마음속 깊은 곳에 깃든 부러움이 질투로 바뀌어버린 사람이 정말 많습니다. 많은 사람의 고민을 들으며 자주 그렇게 느낍니다.

가끔은 저에게 대놓고 싫은 소리를 하는 분도 있습니다.

'이 사람은 왜 굳이 이런 말을 할까?'
'스님이니 반박하지 않을 거라고 생각하나?'

절에 있다 보면 저절로 그런 생각이 드는 독설을 듣습니다.

특히 최근에는 절을 찾아오는 분들이 쾌적하게 지낼 수 있도록 화장실 시설을 양변기로 바꾸고 본당에 냉난방기를 설치하는 등 건물을 손보고 있는데, 그걸 보고 "코로나로 난리인데 절은 돈이 많네", "스님은 고생 안 하고 시주로 돈 벌어서 좋겠네" 하는 사람도 있지요.

수행이 부족해 어리석었던 시절에는 저도 그런 말에 일일이 열을 올리거나 내심 상처를 입기도 했습니다.

하지만 지금은 이렇게 대답합니다.

"그렇게 부러우시면 스님이 되어보는 건 어떠신가요?"

"365일 새벽 네 시에 일어나 5년이고 10년이고 수행해보시겠어요? 아무리 추워도 눈이 와도 맨발로 온 절을 청소해야 하는데, 같이 해보시겠습니까?"

이렇게 스님이 되는 길을 권하고 있지요.

그러면 어째서인지 모두 "아뇨, 아뇨, 괜찮습니다" 하고 거절합니다. 스님만 특히 고생하며 일한다고 말하고 싶은 건 아닙니다. 그저 제가 부럽다면 꼭 한번 같은 일을 해보셨으면 하는 마음일 뿐이지요.

실제로 스님이 되어보면 '아, 스님이라고 가만히 앉아 이득을 보는 건 아니구나' 하고 자연히 통감하리라 생각합니다. 어떤 경우든 어리석음은 불행으로 이어집니다. 처음부터 현실을 제대로 바라보고 있었다면 분명 부러워하지도 않았을 테지요.

'부럽다'고 느끼는 무언가를 지닌 사람은 남모르게 많은 노력과 수고를 들이는 법입니다. 멋진 몸매를 지닌 연예인들은 일주일에 다섯 번씩 헬스장에 다니며 고강도 운동을 하거나 체형을 유지하기 위해 좋아하는 음식도 멀리하며 식생활에 신경을 쓰지요. '원래 타고난 거 아닌가?'라고 생각할지도 모르지만, 어떤 것이든 잃지 않고 유지하려면 상당한 노력이 필요합니다.

저도 어린 시절에는 우주 비행사가 되고 싶다고, 우주에 갈 수 있다니 정말 부럽다고 막연히 생각했습니다. 하지만 우주에 가기 위해 오래도록 엄격한 훈련을 거치고 여러 달 동안 우주선 안에서 생명의 위험을 감수하며 생활해야 한다는 사실을 직시하고 나니 나로서는 도저히 견디지 못하리라고 깨끗이 단념할 수 있었습니다.

"할 수 있으면 해보세요!"

이렇게 부추기려는 생각은 아닙니다만, 어떤 분야의 프로라 불리는 사람뿐만 아니라 누구든 어떤 일을 실제로 해보거나 상상해보면 세상을 보는 방식이 달라집니다. 그러면 공연히 누군가를 부러워하는 일도 없어지겠지요.

어쩔 수 없는 일에
마음 쓰지 않는다

❋ 그건 누구를 향한 불만인가

'지금 내가 처한 상황을 도무지 받아들일 수 없다.'
'늘 뭔가 아쉽다고 느끼며 생활한다.'

많은 사람이 이런 '불만'을 품고 하루하루를 보냅니다. 부족한 자신의 능력, 채 갖추지 못한 여건 등 원인은 다양합니다. 하지만 어떤 경우든 마음속에 불만을 잔뜩 품고 사는 건 힘들고 지치지요.

불만은 내적 요인 때문이든 외적 요인 때문이든 자신의 바람이 이루어지지 않았을 때 나타나는 감정입니다. 이 감정에 대처할 때 먼저 헤아려야 할 부분은 '불만의 대상이 누구인가'라는 점입니다.

스스로에게 불만을 느끼는가?

다른 사람에게 불만을 느끼는가?

이 점은 불만이라는 감정을 다루는 방법에 관해 생각할 때도 아주 중요한 포인트가 됩니다.

먼저 자기 자신을 향한 불만은 어떨까요?

'아직 연봉을 이 정도밖에 못 받다니.'

'사실은 다른 일을 하고 싶어.'

'하고 싶은 일이 잔뜩 있는데 시간이 부족해.'

자신의 현재 상황에 스스로 만족하지 못하는 데서 비롯됩니다. 자기 자신에 대한 불만은 그리 나쁜 감정이 아닙니다.

하고자 하는 의욕과 향상심으로 이어질뿐더러 앞으로 더 크게 성장하기 위한 양식이 되니까요.

하지만 다른 사람을 향한 불만은 그렇지 않습니다.

"저 사람은 이런 점이 참 마음에 안 들어."

"부하 직원(혹은 가족 등)이 내 뜻대로 움직여주지 않아서 너무 짜증 나."

"회사가 연봉을 올려주지 않아서 불만이야."

이런 불만은 친구, 가족, 연인, 자녀, 상사나 부하 직원, 동료 등 자신 이외의 타인에게 느끼는 감정이지요. 하지만 다른 사람을 향한 불만은 계속 품고 있어봤자 도움이 되지 않습니다. 타인에게 불만을 느껴도 우리는 조금도 성장하지 않으며 스트레스만 될 뿐이니 쓸모 없는 감정이라 할 수 있지요.

이런 감정의 이면에는 '더 ○○해줬으면 좋겠어', '왜 ○○해주지 않는 거야?'라는 마음이 숨어 있습니다. 가장 소중히 여겨야 할 '나'라는 존재를 존중해주지 않는다는 생각에 '왜 나만 이런 감정을 느껴야 하는데!' 하고 화를 내는 것이지요.

※ 당신은 맛없는 밥을 계속해서 먹고 있을지도 모른다

앞서 이야기했듯이 다른 사람에게 불만을 품고 있으면 스트레스가 될 뿐입니다. 게다가 불만이 있다는 사실을 상대가 모르면, 자기 혼자 마음속으로 몸부림치는 노릇이니 상대방의 입장에서는 조금도 상관이 없지요.

"지금 다니는 회사는 상사가 너무 무능력해!"

"우리 남편은(아내는) 집안일이든 육아든 손 하나 까딱 안 한다니까."

"○○은 늘 자기 자랑만 해대서 싫더라."

이렇게 늘 다른 사람에 대해 불평불만을 늘어놓는 사람은 말하자면 맛없다는 걸 알면서도 계속 밥을 먹는 것이나 다름없습니다. 진심으로 상황을 바꾸고 싶다면 상대에게 문제점을 분명하게 전해서 고치도록 이끌거나, '맛없는 식사'와 거리를 두거나, 과감히 버리거나 혹은 본인이 단념해야만 합니다.

게다가 이미 많은 사람이 알고 있듯이 다른 사람을 변화시키기란 몹시 어려운 일입니다. 능력 없는 상사, 못 미더운 남편이나 아내, 왠지 재수 없는 친구에게 의견을 솔직하게 전하는 건 나쁜 일은 아니지만, 그렇게 한다고 당신에 대한 태도가 극적으로 달라질 확률은 아주 낮습니다. 저마다 자아가 있기에 당신이 '이것'을 원하더라도 상대방에게는 상대방이 원하는 '저것'이 있으니까요. 나아지기를 기대하기 힘든 일에 소중한 시간을 들이거나 마음을 쓰기에는 내 시간과 마음이 너무 아깝지 않을까요?

불만의 내용이 가벼운 푸념이라면 다른 사람에게 털어놓으며 발산하거나 서로 감정을 나누며 동료 간의 유대감을 끈끈하게 만들 수도 있습니다. 그러나 너무 강한 불만은 스트레스가 되어 몸과 마음을 좀먹기 십상이지요.

어쩔 수 없는 일에 마음을 소모하지 않도록 거리를 두고, 버리고, 때로는 단념하는 결단도 필요합니다.

❂ 나는 옳고 너는 틀렸다는 생각이 괴로움의 씨앗

다른 사람이나 주변 환경에 쉽게 불만을 느끼는 사람과 그렇지 않은 사람이 있습니다.

두 사람은 무엇이 다른 걸까요?

이런 차이는 1장에서 이야기한 강한 '자아'에서 비롯됩니다. 다른 말로는 다소 이기적이고 자기주장이 강하다고도 표현할 수 있지요. 자아가 강한 사람은 어떤 일이 있든 '나는 잘못 없어! 저 사람 잘못이야!'라고 생각합니다. 항상 '자신이 옳다'고 믿지요.

이 세상에서 가장 소중한 '나'라는 존재가 불이익을 당했다...... 불만이란 이런 현실을 받아들이지 못하는 괴로움입니다.

'내 상식으로 보면 당신은 전부 다 잘못 알고 있다.'

쉽게 이런 생각에 빠지는 사람은 자기 자신에 대한 '탐', 즉 욕심이 지나치게 강하다고 할 수 있습니다. 평생 채워지지 않는 욕심이 스스로를 해치는 상태라고 할까요? 자기는 절대 잘못이 없고 일방적으로 피해를 입었다고 생각하지요. 하지만 "전부 다 저 사람 잘못이야!"라고 외쳐봤자 책임을 남에게 떠넘기는 일밖에 되지 않습니다.

불교에서는 '지족知足'이 중요하다고 가르칩니다. 만족할 줄

'아는' 것. 즉, 자신의 분수를 알고 넘치는 것을 바라지 않는다는 뜻이지요. 불만은 자아라는 인간의 기본적인 욕구를 자극하는 감정이어서 다른 사람과 주변에 불만이 너무 많은 사람은 마음이 늘 괴로움으로 가득합니다. 요는 받아들이는 방식의 문제일지도 모릅니다. 자신은 무조건 옳다고 너무 굳게 믿은 탓에 불만이 점점 쌓여간다고도 할 수 있지요.

'아직 연봉을 이 정도밖에 못 받다니.'
'회사가 연봉을 올려주지 않아서 불만이야.'

앞에서 살펴본 위의 두 가지 생각은 서로 비슷한듯 다릅니다.

보수가 적다는 불만에 관해서 전자는 자신의 능력이 부족해서일지도 모른다고 진지하게 고민하지만, 후자는 자신의 능력에 문제가 있다고는 눈곱만큼도 생각하지 않습니다.

'나는 돈을 많이 받아 마땅한 존재야.'

이 생각이 착각임을 알아채지 못하지요. 한마디로 어리석다는 뜻입니다.

우선은 '내가 정말 받는 돈에 걸맞게 일하고 있을까?'라고 객관적으로 바라보며 스스로 반성해볼 필요가 있습니다. 물론 능력이 뛰어나고 열심히 노력함에도 불구하고 보수가 터무니없이 적은 나쁜 기업은 예외지만요.

실적이 부진해서 회사에서 정리 해고를 당했다는 이야기가 요즘 자주 들려옵니다. '왜 내가 정리 해고를 당해야 하냐며' 회사에 강한 불만과 분노를 느끼는 사람이 많지만, 좀 더 정확하게 말하자면 '회사가 당신을 정리 해고했다'고 보아야 합니다. 회사에서 해고당한 당신과 당신을 해고한 회사. 진정한 의미에서 손해를 입은 건 과연 어느 쪽일까요?

당신이 회사에 없어서는 안 될 인재라면 정리 해고 따위는 당하지 않았을지도 모릅니다. 너무 모진 말일지도 모르지만, 사실은 자신에 대한 스스로의 평가와 자신에 대한 회사의 평가가 전혀 다르다는 점을 알아채지 못했다……라는 가능성도 지울 수 없습니다.

⚜ 다른 사람의 마음은 내가 어찌할 수 없다

누군가를 향한 불만, 즉 채워지지 않는 욕구가 있는 상태는 '마땅히 어떠해야 한다'는 자신의 믿음에 단단히 사로잡힌 상태라 할 수 있습니다. 삼독 가운데 하나인 '욕심'에 얽매인 모습이지요. 게다가 자신의 생각대로 되지 않는다는 짜증과 화가 결국 삼독 중 하나인 '진', 즉 분노로 이어집니다.

조금 전에 이야기했듯이 충족되지 않는 욕구는 서로 일치하지 않는 '내가 보는 나'와 '타인이 보는 나'의 모습에서 비롯됩니다. 내가 스스로를 어떻게 생각하느냐가 아니라 다른 사람이 나를 어떻게 생각하는지 알아야 그 틈을 메울 수 있지요. 자신의 어리석음이 스스로에게도 안타까운 결과를 불러오는 셈입니다.

문제를 진심으로 해결하고 싶다면, 그것이 누구를 향한 불만인지 다시 한번 곰곰이 생각해보아야 합니다. 만약 자신을 향한 불만이라면 향상심으로 삼아 더 높은 곳을 목표로 하는 데 이용하면 됩니다. 하지만 타인을 향한 불만이라면 자신의 '자아'에서 비롯된 감정이므로 말끔히 버리거나 대상과 거리를 두거나 스스로 단념하는 결단이 필요하지요.

자기 자신은 본인의 노력으로 바꿀 수 있지만, 다른 사람은 내가 노력해서 바꿀 수 없으니 고민해도 소용이 없습니다. 어찌할 도리가 없는 일에 불만을 터뜨린다고 무슨 의미가 있을까요? 그런 일에 힘과 시간을 들이는 게 더 아깝다고 마음에 새기고 여러분의 마음이 편안해지는 방향으로 이끌어줍시다.

☀ 자존감은 억지로 높일 수 없다

같은 말이라도 어떻게 받아들이느냐에 따라 위로가 되기도 하고 반대로 스트레스가 되기도 합니다. 예를 들어 '자존감'이라는 말은 긍정적인 이미지로 받아들이는 경우가 많지요.

특히 최근에는 자존감 열풍이 불어 '자존감을 높여야 한다'는 목소리가 커지면서 반대로 '자존감이 낮은 사람은 세상을 살아가기가 어렵다'는 풍조가 생겼습니다. 서점에는 자존감을 높이는 방법을 다룬 책이 즐비하고 각종 강연도 여기저기에서 열리지요.

심리학의 연구에 따르면 자존감에는 내현적 자존감과 외현적 자존감이 있다고 합니다.

무의식 속에 자리한 자존감.

본인이 의식하는 자존감.

두 가지 모두 한마디로 자존감이라 말해도 특성은 크게 다르지요. 무의식 속에 숨어 있는 내현적 자존감과 겉으로 드러나는 외현적 자존감이 항상 높은 사람을 불교에서는 마음이 매우 안정된 상태라고 이야기합니다.

그런데 내현적 자존감이 낮음에도 불구하고 "자존감을 높여야지!" 하며 외현적 자존감을 억지로 끌어 올리는 사람은 쉽게 우쭐해서 흔히 말하는 나르시시스트가 되기 쉽습니다. 보란 듯이 '자존감이 높은 사람'처럼 행동하게 되기 때문이지요.

이런 사람은 자기가 상처받을 것 같은 상황에 맞닥뜨리거나 자신의 평가가 낮아질 낌새가 보이면, '나는 대단해!', '내가 그 사람보다 한참 위야!' 하며 마치 자기 암시 같은 긍정적 사고로 있는 힘을 다해 자존감을 유지하려 합니다. 요컨대 자존감이 낮아지는 것이 너무나 두려운 나머지 겉으로 드러나는 자존감을 의식적으로 높이려고 무리하게 애쓰는 상태라 할 수 있지요. 상당히 병적인 행동이라 해도 과언이 아니고, 심해지면 점점 더 자기방어적인 태도를 취하게 되어서 심신의 건강이 무너지기 쉽습니다. 자존감을 높이려는 의지나 노력은 나쁘지 않지만, "사람의 행동은 90퍼센트가 무의식에서 비롯된다"라는 말처럼 인간의 밑바탕은 그리 쉽게 바꿀 수 없습니다.

따라서 아무리 겉으로 '나는 대단해!', '나 자신이 너무 좋아!'라고 생각하는 척해도 내면에 잠재된 자존감이 낮아 진정한 의미에서 스스로에게 자신이 없는 채로는 결국 밑천이 드러납니다.

❋ 좋은 모습을 보이려 하는 과시욕은 아주 성가신 감정

겉으로 보기에는 무척 밝고 긍정적으로 보이던 유명인이 정신적인 문제로 약에 빠지거나 최악의 경우 스스로 목숨을 끊는 경우가 있습니다. 요즘은 그런 슬픈 소식이 결코 드물지 않지요. 아마도 방송을 통해 시청자들에게 보여주는 모습과 자신의 본질적인 모습에 괴리가 있어서가 아닐까 싶습니다. 결국 외현적 자존감만으로는 어찌할 수 없는 부분이 있다는 뜻이지요.

한편, 사회적으로 물의를 빚은 사람이 반성의 뜻을 내비치며 좋은 일을 한 다음 언론을 통해 재기를 다짐하는 경우도 있습니다. 하지만 저는 그런 행동으로 자기 마음을 쉽게 바꿀 수 없다고 생각합니다.

"반성할 수 있도록 좌선하는 방법을 알려주세요!"

"제가 스님 곁에서 수행할 수 있도록 이 죄인을 받아주십시오!"

그런 명목으로 많은 연예인, 스포츠 선수, 기업의 대표 등이 절을 찾아오지만, 저는 일절 받아들이지 않습니다. 모든 사람이 그렇다고는 생각하지 않지만, 대부분은 열심히 수행했다고 카메라 앞에서 뽐내면서 다시 한번 사람들의 믿음을 되찾으려는 속셈이기 때문이지요. 아예 처음부터 카메라맨을 대동하고 찾아오는 사람도 있습니다.

"그 사람이 하는 말이 아니라 행동을 보라"라는 말은 바로 이런 뜻이지요. 허울뿐인 수행을 한다고 그 사람의 인격은 바뀌지 않으니 "그런 목적으로 절을 이용하지 말아주십시오!" 하며 물러나 달라고 청하는 것이 일상다반사입니다.

진심으로 자신의 행동을 반성하고 싶다면 묵묵히 스스로를 되돌아보면 됩니다. 그러기는커녕 미디어나 SNS를 통해 알리고 호소하려 하는 순간 그건 좋은 모습을 꾸며내려 하는 욕심에 지나지 않지요. 이처럼 겸허한 척하면서 사실은 우쭐하고 자만하는 사람이 무척 많습니다.

❖ 내가 할 수 있는 일과 할 수 없는 일을 깨닫는다

무의식에서부터 스스로에게 자신감이 있는 사람은 애초에 자기 능력을 자부하거나 과신하지 않습니다. 불교뿐만 아니라 심리학에서도 이야기하는 사실이지요. 그들은 자신에게 어딘가 불안정한 요소, 이를테면 어떤 콤플렉스가 있다고 여기기에 극복하기 위해 겸허히 노력합니다.

여러분이 꼭 기억했으면 하는 것이 하나 있습니다. 자존감은 높이고 싶다고 높일 수 있는 것이 아니라는 사실입니다. 이른바 긍정 확언(자신이 원하는 목표를 이루기 위해 긍정적인 말을 되뇌는 것) 같은 방식은 일시적인 효과는 있지만, 결국 누군가와 비교하려 드는 '교만'에 지나지 않습니다. 이렇게 늘 누가 더 잘나고 못났는지 견주려 하면 마음의 평온을 얻을 수 없지요. 진정한 마음의 안정이란 인정받든 인정받지 못하든 결코 흔들리지 않는 상태입니다. 억지로 긍정적인 생각을 하려고 애쓰는 것 자체가 마음이 흔들리고 있다는 증거이지요.

그러니 자부심도 '교만'이라는 사실을 깨닫고 다른 사람과 스스로를 비교하는 데 에너지를 들이지 말아야 합니다. 그걸 깨달으면 저절로 겸허해지지요. 여기서 겸허함이란 "에이, 저 같은 게 무슨……" 하고 자기를 낮추는 것이 아니라, 자신이 할 수 있는 일과 할 수 없는 일을 제대로 헤아리고 이해하는 것을 가리킵니다. 자기 자신을 객관적으로 바라보는 상태라는 뜻이지요.

사람들이 '일류'라 부르는 이들은 자신이 하지 못하는 일이 무엇인지 정확히 알고 있기에 결코 스스로에게 만족하지 않습니다. 자기 입으로 내가 최고라고 큰소리치는 일류가 과연 있을까요. 만족을 모르는 탐구심이 있어야만 프로라 불리는 존재가 될 수 있습니다. 객관적으로 스스로의 장점과 단점도 판단할 수 있는 사람은 더 크게 성장합니다.

자만하는 것 자체가 삼류라는 증거임을 깨달아야 한다.

이 점을 꼭 가슴에 새겨둡시다.

알량한 우월감이
행복을 멀리 밀어낸다

※ 상대를 깔본다고 내 수준이 높아지지는 않는다

앞에서 '교만'에 대해 자세히 살펴보았습니다. 교만이란 누군가가 자기보다 위인지 아래인지 혹은 비슷한 수준인지 판단하고자 하는 충동을 가리킵니다. 그리고 이 교만 때문에 '경멸'이라는 부정적인 감정이 나타납니다. 상대가 자기보다 못하다고 업신여기거나 깔볼 때 솟는 감정이기 때문이지요. 경멸은 인간이 본능적으로 느끼는 감정이 아니라 지극히 '사회적인 감정'입니다. 경멸은 세상을 살아가는 데 조금도 필요치 않은 감정입니다. 아무런 의미도 가치도 없다고 딱 잘라 말해도 좋을 정도이지요.

만약 내가 누군가를 깔본다면 어떤 일이 벌어질까요?

"그 녀석은 나보다 학력도 낮아서 별 볼 일 없어"

"걔는 별로 예쁘지도 않으면서 꼭 화장을 진하게 하려고 애쓰더라."

이렇게 말하고 생각하면 한순간은 우월감에 젖을 수 있을지도 모릅니다. 하지만 상황은 아무것도 달라지지 않습니다. 누군가를 업신여겨도, 설령 그 이유가 객관적인 사실이더라도 내가 가진 능력이 훌쩍 높아지거나 외모가 근사해지지는 않지요.

유명인의 스캔들도 이와 다르지 않습니다.

외모, 경제력, 사회적 지명도 모두 차원이 다르다고 생각했던 아이돌이나 배우가 물의를 일으키거나 남녀 관계로 문제가 생기면, 어떤 사람은 기다렸다는 듯이 비난과 공격을 퍼붓기 시작합니다. 설마 그 사람이 그럴 줄은 꿈에도 몰랐다며 연예인을 멸시하고 비난하며 불륜하지 않는 자신, 약에 손대지 않는 자신이 훨씬 월등하고 나은 존재라고 생각하지요. 나는 옳고 상대는 틀렸다고, 내가 더 훌륭하다고 믿고 싶어 합니다.

하지만 그런다고 무슨 의미가 있을까요? 아무리 경쟁심을 불태운들 자기 자신과 자신을 둘러싼 환경은 전혀 달라지지 않습니다. 게다가 순수한 마음으로 그 연예인이 반성하기를 바란다 하더라도 낯선 사람의 말이 상대의 마음을 움직이거나 마음을 고쳐먹겠노라 결심하는 계기가 될 리는 없겠지요. 만약 영향이 미친다 하더라도 줄곧 사회 문제가 되고 있는 악성 댓글 중 하나로 받아들여져 상대의 심신을 궁지에 몰아넣거나 최악의 결과를 초래하는 데 가담하게 될 뿐입니다.

경멸해봤자 아무런 훈계도, 도움도 되지 않습니다. 게다가 답답하고 언짢은 감정은 몸과 마음에 나쁜 영향을 미쳐 자신에게 손해만 되니 오히려 행복과 멀어지게 되지요. 우선 이 점을 꼭 기억해둡시다.

❋ 업신여기지 말고 상대의 마음을 헤아리자

누군가를 경멸하는 마음이 든다면, 먼저 그 감정이 어떤 모양을 하고 있는지 차분히 분석해보아야 합니다. '안타깝다', '불쌍하다'처럼 상대를 가엾게 여기는 감정에 가깝다면 경멸을 '동정'으로 바꾸면 됩니다. 동정 또한 문제를 해결하는 결정적인 방법은 아니지만, 경멸보다는 훨씬 낫습니다. 상대의 마음을 이해하고 공감할 수 있게 되니까요. 상대가 한 행동의 이면이나 참뜻을 상상하려 하지 않는 것은 어리석은 행동, 즉 삼독 중 하나인 '무지'에 해당합니다.

예를 들어 식사 예절이 눈에 띄게 나쁘거나 입이 험한 사람이 있다고 해봅시다. 그 모습을 보고 상대를 경멸하는 마음이 솟으려 할 때 '최악이다. 구제 불능이네. 저렇게는 되지 말아야지!'라고 받아들이는 대신 이렇게 생각해보는 겁니다.

'자라온 환경이 그리 좋지 않았던 걸까?'
'부모님의 교육 때문이지 이 사람 잘못은 아닐 거야.'
'뭔가 정신적으로 힘든 게 아닐까?'

부처는 '인간은 하나같이 어리석으며 모두가 병을 앓고 있는 것과 마찬가지'라고 생각했습니다. 완벽한 사람 같은 건 존재하지 않습니다. 그러니 깔보고 업신여길 시간이 있다면 차라리 동정합시다.

이미 그렇게 되었으니 어쩔 수 없다.
그 사람만의 잘못은 아니다.

이렇게 생각하면 마음속에서 부정적인 감정이 더 이상 자라나지 않습니다. 그러면 정신이 지금보다 훨씬 잔잔하고 평온해지지요.

※ 경멸은 대부분 분노로 발전한다

경멸에는 업신여기는 감정보다는 분노에 가까운 유형도 있습니다.

'왜 저 사람은 이렇게 쉬운 일도 못 하지? 정말 믿기지 않는

다니까.'

'이렇게 좁은 길에서 옆으로 나란히 걷다니 정말 몰상식하고 민폐야.'

이렇게 자기는 쉽게 하는 일을 못 하는 사람, 분위기 파악을 못하는 사람, 사회 규범을 지키지 않는 사람에게 느끼는 경멸은 대부분 분노로 발전합니다.

연예인의 스캔들이 터졌을 때 "착한 척하더니 도리에 어긋나게 불륜이나 저지르다니!"라고 화를 내며 비난하는 사람들처럼 말이지요.

'상대를 깔보는 마음이 분노로 변해버렸구나…….' 이렇게 자신의 마음을 알아차렸다면 앞에서 소개한 분노에 대한 대처법(활활 타오르는 분노에 망상에서 비롯된 연료를 더하지 않기, 분노의 대상에서 멀어지기 등)으로 대응하면 됩니다.

하지만 자기 마음을 제대로 파악하지 못하면 분노가 더 커져 스스로 성가신 상황을 만들어버리기도 합니다. 특히 많은 사람이 이런 행동을 하지요. 일부러 상대에게 들리도록 작은 소리로 흉을 보는 겁니다.

"어어, 여기는 공공장소인데 말이야."

"저런 짓을 하다니, 대체 무슨 생각인지 모르겠네."

경멸이 바탕에 깔려 있으니 말투에도 저절로 비아냥거리는 느낌이 묻어납니다. 들은 사람은 당연히 울컥 화가 나겠지요. 분명 자기 행동이 옳지 못하다는 걸 알면서도 들으란 듯이 흉을 보는 상대에게 화가 납니다. 결국 말싸움이 벌어져도 이상하지 않지요.

사회 규범을 지키지 않는 사람을 보고 경멸의 감정이 들고 그것이 분노로 바뀌려 하면, 우선 심호흡을 한 다음 담담하게 지적하는 편이 서로에게 훨씬 이롭지 않을까요? 비아냥대거나 시비 거는 말투가 아니라 정중한 태도로 논리 정연하게 옳은 말을 하면 듣는 사람도 대부분 순순히 따르기 마련입니다.

다만 요즘은 세상이 흉흉해서 매너를 지키지 않는 사람에게 주의를 주었다가 칼에 찔리는 극악무도한 사건도 있으니 지적하기가 망설여질 때는 그 자리(분노의 대상)에서 벗어나는 것이 가장 좋은 방법입니다.

❄ 불평하지 않는 외국인을 보고 배운 것

학생 시절에 특별한 경험을 한 적이 있습니다. 도복과 방호구 등이 든 큰 가방과 짐을 잔뜩 들고서 만원 전철에 탄 날이었지요. 묵직한 짐을 발치에 내려놓았더니 다른 승객들은 방해된다는 듯이 차가운 눈초리로 저를 쳐다보았습니다. 다른 사람에게 폐가 된다는 건 알았지만 짐이 너무 많아서 어쩔 수 없다고 생각했지요.

그런데 뒤이어 전철에 올라탄 외국인 남성이 지나다니는데 방해되니 짐을 선반 위에 올려달라고 말했습니다. 갑자기 말을 걸어 놀란 터라 순간 그를 경계했습니다. 하지만 남성은 화를 내거나 불평하는 낌새는 전혀 보이지 않았습니다. 그저 그렇게 해주기를 바란다, 그 편이 서로에게 이롭다는 뜻을 전하는 듯했습니다. 그러고는 무거운 짐을 선반에 올리도록 선뜻 도와주었습니다.

만약 누군가 "방해돼!", "몰상식하네!" 같은 말을 투덜투덜 늘어놓았다면 혈기 왕성했던 당시에는 욱해서 화를 냈을지도 모릅니다. 하지만 담담하게 지적하고 도와준 외국인 남성에게는 진심으로 고마운 마음이 들었습니다.

이처럼 똑같은 감정을 느끼더라도 사람을 대하는 방식 하나에 따라 상대에게 전해지는 방식 또한 크게 달라집니다. 다른 사람 앞에 나서기를 싫어하고 타인의 행동을 지적하거나 사실을 분명하게 말하기를 꺼리는 사람도 많습니다. 하지만 그 외국인처럼 다른 속뜻을 품지 않고 솔직하게 행동하는 자세는 본받아야 할지도 모르겠습니다.

5장

부정적인 감정에서 벗어나는 마음의 습관

마음을
	'좋은 것'으로 채우는
습관 만들기

1장에서는 불교를 심리학으로 보았을 때 살펴보아야 할 기본적인 내용을 비롯해 온갖 고민과 괴로움이 나타나는 원리를 알아보았습니다. 2장부터 4장까지는 주로 나타나는 부정적인 감정들의 특징과 각각의 감정을 내려놓는 방법을 분노, 무지, 욕심이라는 세 가지 범주로 나눠 소개했습니다. 지금까지 살펴본 내용을 온전히 이해하고 소화하고 실천하면 지금보다 훨씬 마음이 평온해지고 인간관계에 관한 고민과 스트레스가 줄어 행복하게 살아갈 수 있습니다.

이번 5장에서는 지금까지 다룬 내용을 한층 효과적으로 활용하기 위한 정보들을 추가로 소개하려 합니다. 자신의 마음을 더 깊이 이해하고 고민과 괴로움에서 슬기롭게 벗어나는 비결을 한데 모았습니다.

가장 먼저 다룰 주제는 '마음'을 바라보는 불교의 방식, '마음'에 대한 불교의 기본자세입니다.

❋ 해로운 심소를 놓아버리고 아름다운 심소를 기른다

부처는 '마음이란 무엇인지'를 깊이깊이 생각한 결과, 마음이라는 그릇은 물과 같은 액체로 가득 차 있으며 그곳에 온갖 감정의 성분이 녹아들어 있다고 결론지었습니다.

그리고 이 성분에 '심소'라는 이름을 붙였습니다. 물에 찻잎을 담그면 차가 되고, 커피콩을 갈아 넣고 걸러내면 커피가 되고, 된장을 넣으면 된장국이 되듯이 무엇을 녹이느냐에 따라 내용물이 달라지지요.

심소에는 다양한 종류가 있지만, 선하고 이로운 '아름다

심소' 25가지, 악하고 유해한 '해로운 심소' 14가지, 그 밖에 '다른 것과 함께 작용하는 심소' 13가지로 크게 세 가지 범주로 나뉩니다. 분노, 질투, 업신여김 같은 해로운 심소를 버리고 기쁨, 자애, 연민 같은 아름다운 심소를 기르는 것이 불교의 영원한 과제이지요.

훌륭한 인격자라 불리는 사람이든 상종 못 할 악인이라 불리는 사람이든 인간의 마음에는 본래 아름다운 심소와 해로운 심소가 모두 녹아 있습니다. 그러나 타고난 성격, 자라난 환경, 처한 상황 등에 따라 각 심소의 힘과 우위가 달라지지요. 많은 사람이 '못된 놈', '성격이 나쁜 사람'이라고 부르는 이는 해로운 심소들이 우위를 차지한 상태라고 할 수 있습니다.

이럴 때일수록 객관적으로 자신을 들여다보고 본인의 상태를 알아차리는 것이 중요하지요. 그런 다음 해로운 심소의 활동을 억제하거나 멈춰서 아름다운 심소가 우위에 서도록 노력해야 합니다.

❈ 수행이란 견디는 것이 아니라 '습관'을 만드는 것

불교에 정진하는 사람은 해로운 심소를 놓아버리고 아름다운 심소를 기르기 위해 수행을 하는데, 여기서 말하는 수행은 힘든 과정을 견뎌내며 열심히 노력해 뭔가를 이루는 일이 아닙니다.

수행이란 애쓰지 않아도 자연히 아름다운 심소가 우세한 상태를 유지할 수 있어 저절로 선한 생각이 우러나고 좋은 행동을 하게 되며 아름다운 말이 흘러나오는 습관을 기르는 일입니다. 다시 말해 무의식중에도 할 수 있도록 버릇을 들이는 것이지요.

불교에서는 여러 사람이 함께 모여 수행하는 경우가 많은데, 바로 상승효과를 노리기 위해서입니다. 수행자들이 서로를 주의 깊게 살피는 상황에서 상대를 의식하고 절차탁마하며 함께 성장해 나가는 것이 목표이지요. 프로 스포츠의 강팀과 같다고 할까요? 능력이 뛰어난 선수들이 실력 좋은 코치와 우수한 스태프들의 도움을 받아 높은 수준의 연습과 훈련을 거듭하기에 팀 전체가 강해질 수 있지요.

이와 마찬가지입니다.

해로운 심소 중에는 마음을 좀먹는 독과 같은 심소도 있고, 개중에는 맹독이라 해도 좋을 만큼 나쁜 에너지를 잔뜩 뿜어내는 것도 있습니다. 그 지독한 독이 마음을 지배하기 전에 최대한 떨쳐버릴 수 있도록, 완전히 버리지는 못해도 영향력을 지금보다 낮출 수 있도록 매일 노력해봅시다.

그와 동시에 아름다운 심소는 점점 크게 키워야 합니다. 그러면 마음이 밝아지고 넓어지고 강해지며 한층 너그러워지지요. 아주 조금씩이어도 좋으니 마음속에 담긴 물이 맑고 깨끗해지는 날을 목표로 삼아봅시다.

이 책의 주인공인 해로운 심소들은 2장부터 4장에 걸쳐 자세히 다루었지만, 아직 자세히 소개하지 못한 아름다운 심소와 그 밖의 심소에 관해서는 책의 마지막 부분에 간단히 설명해두었습니다. 자세한 내용은 그 부분을 살펴보시기 바랍니다.

모두

내 마음의 착각

이번에는 '불교의 존재론'에 대해 이야기해봅시다. 우리가 보고 느끼고 접하는 사물과 현상은 어디에 어떻게 존재하며 인간은 그것을 어떻게 인식하느냐에 관해서이지요.

불교에서는 인간이 '육근六根'이라는 여섯 가지 감각 기관을 통해 존재를 인식한다고 말합니다. 육근은 눈, 귀, 코, 혀, 몸, 뜻이라는 여섯 가지 감각 기관으로 이루어집니다. 앞의 다섯 가지는 시각, 청각, 후각, 미각, 촉각으로 바꾸면 이해하기 쉽지요. 눈앞에 실제로 존재하는 대상을 인식하는 감각입니다.

여섯 번째 감각 기관인 '뜻'은 의식의 의, 즉 우리의 마음을 가리킵니다. 오직 뜻만이 다른 감각 기관과 달리 과거나 미래와 같이 눈앞에 없는 존재를 인식할 수 있게 해주지요. 그리고 이것이 때로는 문제를 일으킵니다. 땅을 치며 과거를 후회하고 나쁜 미래를 상상하며 불안에 떨고……. 이처럼 괴로움을 낳는 씨앗이 되기도 하지요.

어젯밤에 있었던 부부 싸움을 다음 날까지 끌고 와서 남편이나 아내에게 화를 내고, 상처로 남은 친구의 말 한마디를 잊지 못해 몇 년이 지나서도 다시 떠올리고 열을 올리거나 침울해지기도 하고. 이런 분노와 슬픔은 눈앞에 있는 존재가 만들어낸 진짜가 아닙니다. 당신이 마음속에서 멋대로 만들어낸 창작물, 다시 말해 망상이지요. 지금 눈앞에 없는 무언가를 의식하고 마음을 움직여 스스로 분노와 슬픔을 불러내고 있을 뿐입니다.

❋ 모든 존재는 내 안에 있다

이어서 눈앞에 실제로 존재하는 대상을 비롯해 모든 존재는 어디에 있는지 이야기해봅시다.

설명이 좀 추상적으로 들릴 수도 있지만, 단순하게 생각하면 됩니다. 말하자면 그 '사물과 현상'이라는 존재가 우리의 외부에 있는지, 내부에 있는지, 그걸 어떻게 인식하는지에 관한 이야기이지요.

예를 들어 눈앞에 자전거가 놓여 있다고 가정해봅시다. 자전거는 당신의 밖에 있을까요? 아니면 안에 있을까요? 이렇게 물으면 아마 거의 모든 사람이 '밖'이라고 답할 겁니다.

그런데 사실 그 자전거는 우리 '안'에 존재합니다. 눈이라는 렌즈를 통해 뇌에 투영된 자전거는 우리 마음이 '거기에 자전거가 있다'라고 인식한 순간 비로소 존재로서 성립합니다.

"여기 자전거가 있는데 말이지요"라고 누군가에게 설명할 때 '여기'는 우리가 마음속으로 인식하고 있는 장소를 가리킵니다. 그래서 불교에서는 밖이 아니라 안에 있다고 생각하지요.

요컨대 이 세상에 존재하는 모든 사물과 현상은 전부 내 안에 있다고 보는 것이 불교의 사고방식입니다. 게다가 그것들 또한 제행무상이므로 끊임없이 변화하며 영원한 것은 하나도 없지요. 불교에서는 '나'라는 존재에 대해서도 어떤 시점의, 어떤 상황에 처한 '나'인지 이야기하곤 합니다. 즉, '늘 한결같은 나', '변함없는 나'는 존재하지 않는다는 말이지요.

인간은 내면에 있는 사물과 현상에 쓸데없는 망상을 덧붙여 크게 부풀리거나 모양을 바꿔버리기도 합니다. 따라서 우리가 인식하는 무언가는 어쩌면 실제 모습과 동떨어진 껍데기에 불과할지도 모릅니다.

그러니 자신이 끌어안은 고뇌를 마주하기 전에 먼저 이러한 마음의 구조를 헤아려봅시다. 마음에 괴로움과 고민이 생기는 건 지극히 당연하며 어찌할 수 없는 일이라고. 다만 대부분은 그릇된 생각으로 스스로 만들어낸 허상이니 내 힘으로 바꿀 수 있다고. 그렇게 생각해봅시다.

'마음속으로 근거 없는 허상을 만들어내고 거기에 멋대로 반응하려 한 것뿐이구나.'

이 사실을 알면 부정적인 감정을 아예 만들어내지 않을 수는 없더라도, 뭔가 힘든 일이 닥쳤을 때 충격을 줄일 수 있습니다. 원래라면 진도 10 수준이었을 강한 충격도 2나 3 정도로 줄어들지요. 그렇게 만들 수 있도록 단단히 마음먹고 마음의 연습을 쌓으면 부정적인 감정에 일일이 동요하지 않게 됩니다.

명상이란
마음의 변화를
알아차리는 것

　내면에 귀 기울이며 마음속에서 '어떤 일이 일어나고 있는지' 또렷하게 인식하는 것이 얼마나 중요한지 지금껏 여러 번 이야기해왔지요. 이렇게 '집중해서 끊임없이 알아차리는 것'이 바로 불교에서 말하는 명상입니다.

　부처는 온 생애를 들여 마음속에서 괴로움이 싹트는 과정을 관찰했습니다. 명상은 자신의 욕심, 분노, 무지라는 세 가지 독을 스스로 깨닫는 방법이지요. 이렇게 자신의 마음을 들여다보지 않으면 괴로움도 놓아버릴 수 없습니다.

☼ 들끓는 분노를 식히는 방법

분노는 많은 괴로움의 근원이 되는 감정으로, 분노를 가라앉히기 위해서는 상황을 이성적이고 객관적으로 바라보는 것이 중요합니다. 그러려면 자기 마음에 ①집중하고 ②관찰하고 ③알아차리고 ④뛰어넘어야 합니다. 이것이 곧 명상의 네 가지 단계이지요.

예를 들어 절대 용서 못 한다는 말이 나올 만큼 화가 나는 상대가 있다고 가정해봅시다. 그럴 때 어떻게 이성적으로 대처하면 좋을까요? 저는 이렇게 조언하곤 합니다.

"분노에 사로잡힐 것 같을 때는 '왜 화가 났는지' 한번 적어보세요. 그리고 내가 상대에게 뭘 바라는지 생각해보시길 바랍니다."

실제로 해보면 그렇게 대단한 일도 아니었다는 생각이 드는 경우가 많고 내용을 다른 사람에게 보여주라고 말하면 창피하다고 느끼는 사람도 있습니다. 이렇게 자신의 감정을 냉정한 눈으로 들여다보고 시간을 들여 천천히 생각해보는 데 큰 의미가 있지요.

감정이 폭주하기 시작하면 자기 자신을 잃어버리기 십상이지만, 가만히 돌이켜 생각하고 곱씹다 보면 그 사람의 어떤 행동에 화가 났고 내가 정말로 무엇을 바라는지 냉정하게 인식하면서 이성이 작동하기 시작합니다. 자기 머리로 논리적으로 생각하는 사이에 격렬한 분노도 저절로 가라앉지요. 말하자면 감정은 액셀, 이성은 브레이크 같은 역할을 합니다.

화를 가라앉히지 못하는 것은 삼독 중 하나인 '분노'에 잠식당한 상태와 다름없어서 우리의 몸과 마음을 점점 망가뜨립니다. 결국 자신만 손해를 보게 되지요.

글로 적어 자기 마음을 객관적으로 바라보는 데 성공했다면, 그다음은 명상의 네 단계 중 마지막 하나인 '뛰어넘기'를 실천해볼 차례입니다.

예를 들어 직장에 도무지 용납할 수 없을 만큼 미운 상대가 있다면, 자기가 잘하는 분야에서 좋은 성과를 내서 두각을 드러내고 상대를 앞질러 상사의 자리에 앉는 겁니다. 분노를 원동력으로 바꾸는 것이 반드시 좋은 결과를 부른다고 할 수는 없지만, 그저 괴로워하며 하루하루를 보내는 것보다는 훨씬 효과적입니다. 만약 성공한다면 고민도 해결될 뿐더러 자신의 수준도 한층 높아지니 일석이조이지요.

과거 올림픽에서 금메달을 획득한 한 여자 피겨 선수는 쓰라린 경험을 계기로 더욱 노력해왔다고 합니다. 어린 시절부터 모두의 주목을 받는 선수였기에 때로는 매스컴에서 말도 안 되는 기사를 써서 속을 끓여야 했다고 하지요.

그래서 그 선수는 남다른 방식을 택했습니다. 언론사들이 일하는 방식을 속속들이 연구하고 이를 역으로 이용하면서 취재하는 사람들의 생각을 이해하려고 노력했지요. 이렇게 마음속 부정적인 감정을 자신의 능력을 높이는 데 역으로 활용하면 예상 밖의 수확까지 얻을 수 있습니다.

흔히 '위기는 기회'라고 말하지요. 화나고 속상한 마음을 적절히 살리느냐 아니면 잘 억누르느냐는 자기 자신에게 달렸습니다.

☼ 감정을 객관적으로 바라본다

우리의 마음속에서는 본인의 경험뿐만 아니라 부모나 주

변 사람들을 통해 각인된 기억과 같이 자신이 지닌 정보를 토대로 괴로움의 불씨인 망상이 자라납니다. 명상은 내가 받아들인 정보를 사실과 망상으로 명확하게 구별하는 작업이자 내가 사실 어떤 감정을 품고 있는지 분명하게 깨닫는 일입니다.

연인이 연락을 자주 하지 않아서 불만스럽다고 가정해볼까요? 언뜻 보면 분노처럼 보이지만, 마음을 가만히 들여다보면 사실은 조금 더 나에게 관심을 기울여주길 바라는 서글픔과 외로움 같은 감정이 바탕에 깔려 있기도 합니다.

감정은 나타났다 사라지며, 온갖 일이 끊임없이 일어나 사람들의 인식 또한 어지러울 만큼 빠르게 변화합니다. 인간은 오감뿐만 아니라 마음에 무언가 와 닿은 순간에도 '살아 있다'고 강렬하게 실감하는 동물입니다.

그것이 좋은 감정이든 나쁜 감정이든 모두 오롯이 마주하며 마음의 변화를 계속해서 느끼는 것이 중요하지요.

가부좌를 틀지 않아도
명상은 할 수 있다

명상할 때 어떻게 집중하기, 관찰하기, 알아차리기를 해야 할까요? 명상의 방법에 관해서는 다양한 의견이 있습니다.

불교에서도 명상하는 방법을 아주 중요하게 다루지요. 최종 목표는 자기 마음을 온전히 제어하는 것이지만, 우선은 개인의 의견이 아니라 '정견正見'으로 상황을 바라볼 줄 아는 것이 중요합니다.

정견이란 존재와 현상을 있는 그대로 바라보는 지혜를 뜻합니다. 사람은 무엇을 보든 자기가 믿는 대로 비틀어서 받아들이는 경향이 있어서 좀처럼 현실을 있는 그대로 올바르게 인식하지 못합니다. 저마다 '자신만의 필터'를 통해 세상을 보니 당연히 차이가 발생하지요. 그럼에도 자기가 보는 것, 자기가 느끼는 것이 옳고 객관적인 사실이라고 믿어 의심치 않습니다. 하지만 서로가 다른 풍경을 보고 있음을 인식하지 못하면 생각의 차이를 이해하지 못하고 다툼과 갈등이 일어나고 말지요.

그런 일을 막으려면 진리를 꿰뚫어 보는 능력, 즉 지혜가 필요합니다. 지혜는 다름 아닌 명상을 통해 꽃피울 수 있는데, 불교에서는 명상하기 좋은 환경을 만드는 방법도 함께 이야기해왔습니다.

그 방법이란 이른바 '계율'이라 불리는 규범입니다. 예를 들어 번화가 한복판에서 명상을 하라고 하면 너무 번잡하고 시끄러워서 집중하기 어렵겠지요. 자신의 마음에 집중하고 스스로를 가만히 돌아보려면 온갖 자극이 오감을 자극하는 상황은 되도록 피해야 합니다.

여러분도 일이나 공부에 정신을 쏟아야 할 때 자기도 모르게 인터넷 서핑을 하거나 스마트폰으로 SNS를 확인하지 않으시나요? 마음이 이쪽으로 갔다가 저쪽으로 갔다가…….

공감이 간다면 온전히 집중할 수 있는 환경이 어째서 필요한지 충분히 이해하리라 생각합니다.

어떤 식사를 하고, 어떤 생활을 하고, 어떤 일을 하며 하루를 보내야 명상하기 좋은 상태를 만들 수 있는가.

이처럼 의식주를 포함한 일상생활의 반복되는 과정을 기본부터 되돌아보는 것이 불교의 계율입니다. 그런 의미에서 '템플 스테이'는 절에서 라이프 스타일까지 함께 제공하는 명상의 한 가지 방법이라 할 수 있지요. 실제로 많은 분께 권하는 방식입니다.

❀ 지금도 효과적인 무의식 단련법

오감을 통해 몸속으로 받아들인 정보를 어떻게 해석할 것인가? 그 과정을 더듬어가는 것이 곧 수행입니다.

아주 오래전 인도에서 수도승들이 실천하던 방법을 담은 《청정도론》이라는 책이 있습니다. 이 책에 등장한 당시의 훈련법을 잠시 소개하겠습니다.

오늘날에는 사람이 죽으면 정성껏 장례를 치르고 매장하거나 화장하지만, 오래전 인도에서는 시신이 산에 그대로 버려지는 경우가 드물지 않았습니다. 당시 승려들은 수행의 일환으로 산을 올라 방치된 시신이 서서히 부패해가는 모습을 가만히 바라보기도 했습니다.

믿기 어려운 이야기일지도 모르지만, 이 또한 명상을 하는 하나의 방식으로 여겨졌지요. 그들은 시신이 점점 썩어가는 모습을 바라보면서 자신이 어떤 심경을 느끼는지 관찰했습니다. 우리가 상상하는 명상과는 동떨어진 모습이지만, 온전히 정신을 집중하기 위한 기법은 무수히 많았고 이렇게 광기 어린 방식도 적지 않았지요.

물론 시신을 관찰하는 명상법은 지금은 실행하기 어렵지만, 이 명상법이 의도한 바는 우리의 일상과도 이어져 있습니다. 이를테면 야구에는 노크라는 수비 연습법이 있습니다. 배트로 쳐낸 공을 몇 번이고 달려 나가 잡는 방식으로 야구부에서 흔히 하는 연습이지요. 노크를 하면 실전과 같은 수비 감각을 익힐 수 있다고 하는데, 바닥에 부딪혀 튀어 오른 공을 잡거나 던지는 타이밍 등을 익혀서 머리가 아닌 몸이 반사적으로 반응하도록 반복 훈련하는 방식입니다.

불교 수행도 이와 마찬가지로 좋은 선택을 하고, 아름다운 말을 쓰고, 선한 일을 하며 의식하지 않아도 자연히 좋은 삶을 살 수 있도록 연습하는 것입니다. 스포츠나 요리처럼 머리가 아닌 몸이 저절로 움직이도록 마음을 훈련하는 일에 지나지 않지요.

불교는 뭔가 신비롭고 특별한 체험을 하게 해주는 종교가 아닙니다. 오히려 폭포 아래에서 물줄기를 맞으며 버티거나 며칠이나 먹지도 마시지도 않고 산속을 돌아다니거나 초월적인 힘을 얻었다고 착각하게 하는 행위를 부처는 고행이라며 부정했습니다. 그런 행동 자체가 잘못되었다고는 말하지 않겠지만, 부처는 '고행으로는 깨달음을 얻을 수 없다'고 생각했지요. 저 또한 가부좌를 튼다고 모두 명상이 되는 건 아니라고, 모양만 흉내 내서는 아무것도 바뀌지 않는다고 늘 이야기합니다. 가만히 앉아 명상하는 방식에 너무 얽매이지 말고 마음에 집중하는 방법을 자기 나름대로 찾아가면 됩니다.

마인드풀니스도
　　본질을 착각하면
함정이 된다

'스님' 하면 어떤 이미지가 떠오르시나요? 혹시 좋은 말을
해주는 사람이라고 생각하고 있지 않으신가요?

절에서 설법을 들어본 사람도 있겠지만, 때로는 기업의 강
연회에 초대받아 많은 사람에게 이야기를 들려주기도 합니
다. 저도 그런 기회를 빌려 강의를 하거나 유튜브 콘텐츠를 만
들어서 여러분의 고민에 조금이나마 답할 수 있도록 노력하
고 있습니다.

다만 일의 내용과 상관없이 뭐든 받아들이지는 않습니다.

특히 불교의 명상과 엮어서 마인드풀니스(지금 이 순간에 주의를 기울여 자신의 감정과 생각을 있는 그대로 받아들이는 것으로, 주로 심리 치료에 활용되며 우리나라에서는 흔히 '마음 챙김'이라 불린다-옮긴이 주)를 가르쳐달라는 의뢰를 종종 받는데, 저는 정중히 거절합니다. 단순히 하나의 기술로 '마인드풀니스'를 배우는 데는 위험이 따르기 때문입니다.

❀ 겉만 그럴싸하게 흉내 내면 악순환이 반복된다

마인드풀니스를 가르쳐달라는 의뢰에는 명상을 '사원들의 스트레스를 덜어줄 도구'로 이용하려는 기업의 의도가 담겨 있습니다.

과거 의뢰를 받아 한 기업을 방문했을 때는 회사가 지닌 본연의 자세와 업무의 구조 자체가 구성원에게 스트레스를 주는 현실을 목격하고 공포를 느꼈습니다.

"스트레스를 느끼지 않는 직원으로 만들어주세요."
"사원들의 마음을 마비시켜 주세요."

기업의 요구가 그런 말로 들릴 지경이었지요. 그런 직장에 필요한 건 마인드풀니스가 아니라 직원들이 스트레스 없이 일할 수 있는 환경 만들기와 근본적인 경영 방식의 변화가 아닐까요.

그리 기분 좋은 예시는 아니지만, 마치 가정 폭력의 피해자를 두고 "이 사람이 가정 폭력을 괴롭게 느끼지 않게 해주세요"라고 가해자가 부탁하는 것이나 다름없습니다. 악명 높은 신흥 종교에서는 폭력마저 지도의 일환이라 부른다고 하지요. 권위 있는 지도자가 "당신을 바른 길로 이끌기 위해 때리는 것뿐"이라고 말도 안 되는 소리를 그럴 듯하게 늘어놓습니다.

이런 사상을 가진 사람은 몹시 위험합니다. 특히 최근에는 '자기 문제는 자기가 책임지는 것이 공정하다'는 사고방식이 사회에 만연합니다. 예를 들어 종교 집단에 세뇌당한 피해자를 보고도 속은 쪽이 잘못이라고 생각하는 사람이 많지요.

마인드풀니스를 비롯해 명상 열풍이 불어도 대부분은 표면만 흉내 내려 하고 본질까지 들여다보려 하는 사람은 아쉽게도 거의 없습니다. 하지만 겉만 그럴듯하게 따라 해서는 근본적인 문제를 해결할 수 없지요.

앞서 이야기한 기업의 사례도 딱히 나쁜 뜻이 있어서는 아닐지도 모르지만, 직원들의 근무 환경과 업무 방식을 살피는 대신 본질을 파악하지 못하고 "지금 유행하는 마인드풀니스를 가르쳐주세요!" 하며 모양만 우선시한 데 문제가 있습니다.

본래 명상이란 정신을 집중해 본질을 깨닫는 일이기도 합니다. 그 점을 이해하지 못하고 단순히 하나의 도구로 모방하려 하면 잘못된 방향으로 가게 될지도 모릅니다.

감정의 구체화가
핵심

이 책에서는 마음에서 비롯되며 마음으로 느끼는 것이 곧 감정이라고 이야기해왔습니다. 결코 틀린 말은 아니지만, 사실 마음 이외에도 감정을 낳는 근원이 또 하나 존재합니다. 우선 이에 대해 잠시 살펴보려 합니다.

감정의 또 다른 근원은 바로 몸입니다. 사람은 눈앞의 상황을 어떻게 받아들이고 어떻게 인식하느냐에 따라 몸의 상태가 달라집니다. 특히 근육의 움직임은 더 예민하고요.

예를 들어 "감동했어"라는 말은 영어로 바꾸면 "I'm touched"가 됩니다. 뭔가를 보고 감동을 받았을 때 'touch', 즉 '만지다, 닿다'라는 표현을 쓴다는 것이지요. 우리 마음에 뭔가 와닿았다는 몸의 감각에서 비롯된 셈입니다.

영어를 쓰는 나라에는 불교를 믿는 사람이 많지 않을지도 모르지만, 몸이 감정을 만드는 하나의 요인이라는 점에 대해서는 같은 생각을 가지고 있는 듯합니다. 배가 너무 고파지면 짜증이 난다든지, 잠을 못 자면 괜스레 불안해지는 것처럼 말이지요.

수행을 쌓으면 마음속에서 일어나는 감정의 변화를 몸으로 알아차릴 수 있습니다. 불도를 닦고 가라테 수련에 열중하며 15년가량 치료사로도 활동했던 저는 '마음의 움직임이 몸에 드러난다'는 사실을 피부로 느꼈습니다.

몸보다 마음을 중시하는, 조금 더 정확히 말하자면 마음에 주의를 기울이느라 몸은 그리 중요하게 다루지 않는 스님들이 많지만, 저는 조금 다릅니다.

"불교는 말로 설명하기보다 몸으로 설명하는 편이 더 빠릅니다."

지금까지 이 말을 몇 번이고 거듭해왔습니다.

한 달에 한 번씩 전국 각지에서 그리고 때로는 해외에서 부처의 가르침을 몸으로 느끼며 배우는 '다이구 수련소'를 여는데, 그곳에서는 몸에 의식을 기울인 채 불교를 이야기합니다. 많은 사람에게 좋은 반응을 얻고 있지요.

육체가 없는 것은 감정도 없습니다. 이것이 육체와 감정이 밀접하게 연결되어 있다는 증거가 아닐까요?

☼ 말과 몸으로 동시에 배우는 것이 최고의 방법

'몸으로 느끼는 감각'은 경험을 쌓으며 기르는 수밖에 없고 아무리 말로 이해하려 애써도 온전히 터득할 수는 없습니다. 따라서 책을 통해 전하기도 어려운 터라 마지막 장에 내용을 조금 덧붙이기로 했습니다.

무언가를 몸소 체감하는 것을 다른 일에 비유하자면, 프로야구 선수가 홈런을 치는 일과 비슷하지 않을까 싶습니다. 공이 배트의 중심에 딱 맞고 멀리멀리 날아갈 때 드는 느낌은 프로의 세계에서 홈런을 쳐보지 않은 사람은 알 도리가 없지요.

전직 프로 야구 선수인 감독이 탁월한 지도력을 발휘해 차근차근 설명해준다 해도 우리 같은 일반인은 온전히 이해하기 어려울 겁니다. 야구를 배우는 어린아이들이나 고교 야구 선수들도 프로 선수가 '몸소 체감한' 것을 똑같이 터득하기란 쉽지 않습니다.

불교에도 이와 닮은 측면이 있어서 말과 몸으로 동시에 배우는 것이 가장 바람직합니다. 말로 이해한 내용을 몸으로도 느끼면 이해가 훨씬 깊어지니까요.

몸과 마음의 움직임을 파악해 감정을 눈에 보일 듯 또렷하게 구체화하면, 마음을 평온하게 유지할 수 있고 감정을 제어하는 기술도 향상됩니다. 마음의 달인이 되려면 꼭 필요한 요소이니 관심이 있는 사람은 경문 필사나 명상뿐만 아니라 직접 절을 찾아가 몸을 이용해 수행하는 방법을 배워보았으면 합니다.

세상에는 자연 현상처럼 개인의 노력으로 어찌할 수 없는 일과 본인이 노력하기에 따라 바꿀 수 있는 일이 있습니다. 아무리 노력해도 어쩔 수 없는 일은 받아들이는 수밖에 없습니다.

하지만 노력으로 바꿀 수 있는 일은 바꾸는 것이 좋습니다. 그래야 더 즐겁고 편안하게 살 수 있기 때문이지요. 돈, 일, 인간관계, 건강 상태 등은 내가 애쓰면 바꾸거나 개선할 수 있습니다. 우리의 마음도 그렇고요.

'기도'라는 말을 들으면 어떤 느낌이 드시나요?

고금동서를 막론하고 사람들은 어떤 일을 하다 벽에 부딪치면 신에게 기도를 올렸습니다. 그 때문에 기도란 신이나 부처님이 자신의 소망을 이루어주기를 간절히 바라는 일이라고 생각하는 사람이 적지 않습니다.

'기도하다'라는 뜻의 일본어 '이노루祈る'의 어원에는 여러 가지 설이 있지만, 그중 '뜻을 선언하다'라는 뜻의 '이오노루意を宣る'에서 비롯되었다는 이야기가 있습니다. 다시 말해 '나는 이렇게 하고 싶다, 이런 존재이고 싶다, 이렇게 되고 싶다'고 미래를 향한 자신의 의지와 결심을 스스로에게 선언한다는 의미이지요.

기도함으로써, 즉 자신의 뜻을 선언함으로써 다른 사람의 힘을 빌려서가 아니라 자기 힘으로 스스로 결정한 일, 목표로 삼은 일, 실현하고 싶은 일을 이루어나가는 겁니다. 따라서 기도란 부처님에게 자신의 소망과 바람을 이루어달라고 애원하는 것이 아니라 "저는 ○○을 실현하겠습니다!" 하고 선언하는 행위인 셈이지요.

기도를 잊지 않고 사는 것은 아주 중요한 삶의 자세입니다.

어떤 일에 절망하고 뭔가를 빌었을 때 설령 자신의 바람대로 되지 않더라도 분노는 찾아오지 않습니다. 자기 스스로 목표를 선언하고 자신이 할 수 있는 일을 있는 힘껏 해나갈 뿐이니 후회나 누군가를 탓하는 마음도 들지 않지요. 이토록 떳떳하고 깨끗한 삶의 방식 자체가 '기도'라 할 수 있습니다. 불교에서 말하는 기도란 결코 신의 자비를 빌며 연약하게 매달리는 행위가 아님을 기억해둡시다.

이 책에서 소개한 불교의 사고방식은 앞으로 세상을 살아가는 데 꼭 필요한 내용입니다. 날마다 공부와 수행을 거듭하며 불교의 가르침을 더 깊이 알수록 절실히 느낍니다. 세상 모든 사람들이 이런 삶의 자세를 안다면 인생이 훨씬 편안해지겠구나, 이런 사람이 되면 지금보다 훨씬 행복하고 평온하게 살아갈 수 있겠구나, 하고 말이지요.

물론 그런 경지에 도달하려면 훈련과 연습이 필요하지만, 불교에는 수행하는 과정까지 포함해 매우 효율적으로 체계가 잡혀 있습니다. 불교에 대한 견해는 사람마다 달라서 학자의 눈으로 보기에는 잘못된 해석이라고 지적하고 싶은 부분이 있을지도 모릅니다. 하지만 이 책에서는 제가 생각하고 느낀 바를 최대한 이해하기 쉬운 말로 풀어냈습니다.

인생이란 힘겹고 괴로운 일입니다.

삶에는 늘 괴로움이 따르지요.

그래도 하루하루를 조금이나마 밝고 즐겁고 평온하게 보낼 방법은 있습니다.

우리가 지금껏 살펴본 내용들은 반드시 지켜야 할 '정답'은 아닙니다. 자신과 잘 맞지 않는다고 느끼는 사람은 나에게 맞는 방법을 찾아가면 됩니다. 하지만 만약 '한번 해봐야지', '나랑 잘 맞을 것 같네'라는 생각이 든다면 꼭 시험해보길 바랍니다.

이 책을 읽은 여러분이 '마음의 벽'을 훌쩍 뛰어넘어 끌어안고 있던 고민과 괴로움을 조금이나마 내려놓고 행복한 인생을 걸어가기를 진심으로 기원합니다.

아름다운 심소 25가지와 다른 것과 함께 작용하는 심소 13가지

부처의 십대 제자 중 한 사람인 아누룻다의 말에 따르면, 불교에서 말하는 심소에는 총 52가지가 있다고 합니다. 이 책에서는 14가지 해로운 심소(부정적인 감정)에 초점을 맞추어 살펴보았지만, 그 밖에도 이와 반대되는 25가지의 아름다운 심소와 마음 작용의 기본이 되는 13가지 심소가 존재합니다. 부록에서는 본문에서 다루지 못한 심소들을 간단히 소개해 보고자 합니다.

1 ··· 믿음 ··· saddhā, 삿다

이성에 따라 올바른 판단을 했을 때 얻을 수 있는 확신을 뜻한다. 몸소 경험하고 스스로 생각해서 이해한 것이 곧 믿음이며, 자신의 행동에 확신을 가지고 책임을 지는 것이다. 반대로 타인의 생각을 맹목적으로 믿는 것은 어리석으므로 나쁜 행동이 된다.

2 ··· 알아차림 ··· sati, 사티

한마디로 '깨달음'을 가리킨다. 과거와 미래에 대한 그릇된 생각을 그만두고 '지금 여기'에 집중하는 것이다. 우리의 몸과 언어와 마음은 바람직한 일이든 그렇지 않은 일이든 모두 습관으로 자리 잡으므로 인간은 거의 무의식중에 행동하고 말하고 생각한다. 그러므로 바람직하지 않은 몸·언어·마음을 '알아차리면' 실수나 충돌을 줄일 수 있다.

3 ··· 양심 ··· hirī, 히리

창피한 일, 꼴사나운 일, 한심한 일을 부끄럽게 여기는 기분을 말한다. 또한 그런 행위를 하지 않겠다는 의지를 뜻한다.

4 ··· 수치심 ··· ottappa, 오탑파

나쁜 짓을 두려워하는 마음을 가리킨다. 나쁜 상황을 만들지 않도록 노력하려는 의지도 이에 포함된다. 양심과 수치심은 짝을 이루어 우리의 행동을 제어해주므로 이 둘을 합쳐 '참괴慚愧'라고 부르기도 한다. 이 두 가지 심소가 있으면 나쁜 짓을 행동에 옮기지 않을 수 있다 (반대로 이 두 가지가 없으면 인간은 자신의 행동에 제동을 걸지 못하게 된다).

5 ··· 욕심 내지 않음 ··· alobha, 알로바

재물, 지식, 지위, 쾌락 등을 독차지하려는 욕심을 내려놓는 것이다. 다른 사람과 행복을 나누는 일, 보답을 바라지 않고 은혜를 베푸는 일이 이에 해당한다. 베풀면 베풀수록 탐욕에서 멀어지고 마음이 유연해지며 단단하고 자유로워진다.

6 ··· 성내지 않음 ··· adosa, 아도사

모든 생명을 불쌍히 여기고 분노의 감정을 줄이려 하는 의지를 뜻한다. 이 심소를 기르면 설령 다른 사람이 못된 짓을 하더라도 화를 내지 않을 수 있다. 비결은 상대를 좋고 나쁨으로 판단하지 않고 스스로 잔잔하고 다정한 마음을 유지하는 것이다.

7 ··· 중립 ··· tatramajjhattatā, 타트라맛잣타타

차분하고 평온한 마음을 유지하는 것을 가리킨다. 한마디로 객관적인 태도, 중립적인 입장을 취하는 것이다. 이 심소를 기르려면 어떤 행동에 대해 보답을 기대해서는 안 된다. 그러면 잔잔하고 부드러운 기분이 들고 모든 생명을 평등하게 대할 수 있게 된다.

8 ··· 몸의 고요함 ··· kāya-passaddhi, 카야 팟삿디

몸이 편안하고 안락한 상태를 뜻한다. 한마디로 몹시 자연스러운 상태라 할 수 있다. '마음(정신)의 고요함'과 짝을 이루는 심소이기도 하며, 몸이 고요하고 잔잔하면 정신에도 좋은 영향을 미친다.

9 ··· 마음의 고요함 ··· citta-passaddhi, 칫타 팟삿디

정신이 편안하고 안락한 상태를 가리킨다. '몸의 고요함'과 한 쌍으로 성립하는 심소로, 마음이 고요하고 잔잔하면 몸에도 자연히 좋은 영향을 준다.

10 ··· 몸의 경쾌함 ··· kāya-lahutā, 카야 라후타

'몸의 고요함'은 몸이 편안하고 잔잔한 상태를 나타내지만, 몸의 경쾌함은 활기차고 생기 있는 상태를 가리킨다.

11 ··· 마음의 경쾌함 ··· citta-lahutā, 칫타 라후타

'마음의 고요함'은 정신이 편안하고 잔잔한 상태를 뜻하지만, 마음의 경쾌함은 밝고 생기발랄하며 즐거운 상태를 가리킨다.

12 ··· 몸의 유연함 ··· kāya-mudutā, 카야 무두타

몸이 결리거나 아프지 않고 유연한 상태를 나타낸다. 최고의 기량을 발휘하는 운동선수들의 공통점은 신체 능력이 뛰어나고 유연성이 좋다는 점이다. 크게 성장하려면 대나무처럼 부드럽고 유연해야 한다.

13 ··· 마음의 유연함 ··· citta-mudutā, 칫타 무두타

완고하고 고지식한 마음과 반대되는 상태로, 마음이 환경의 변화에 부드럽게 대처하는 것을 뜻한다. 물은 그릇의 모양에 따라 자유자재로 모습을 바꾼다. 이처럼 다양한 상황에 유연하게 적응할 줄 알면 인생이 한층 수월해지고 어디서든 쑥쑥 성장한다.

14 ··· 몸의 적합함 ··· kāya-kammaññatā, 카야 캄만냐타

행동하기 적합한 상태, 바로 다음 행동에 나설 준비가 되어 있는 상태를 가리킨다. 다시 말해 몸의 기능이 뛰어나고 에너지가 있어 언제든 행동할 수 있는 상태다.

15 ··· 마음의 적합함 ··· citta-kammaññatā, 칫타 캄만냐타

무술의 달인이 "마음껏 덤벼봐"라고 자신 있게 말할 때와 같은 심리 상태. 말하자면 자신의 역할이나 해야 할 일을 충분히 해낼 수 있는 상태다. 일이든 운동이든 정말로 뛰어난 사람은 심신이 유연할 뿐만 아니라 그 일을 수행하기에 적합한 면들을 갖추고 있다.

16 ··· 몸의 능숙함 ··· kāya-pāguññatā, 카야 파군냐타

한마디로 익숙하고 뛰어나다는 뜻이다. 성공하기 위해 '무엇을 해야 하는지' 알고 준비해야 할 것들을 모두 연습한 상태라 할 수 있다. 성공은 하고자 하는 일에 적합하고 능숙해야 손에 넣을 수 있다. 어떤 분야든 전문가라 불리는 사람들은 '적합함'과 '능숙함'을 모두 갖추고 있다.

17 ··· 마음의 능숙함 ··· citta-pāguññatā, 칫타 파군냐타

어떤 일에 관해 심신이 숙련된 상태가 되면 그 분야의 모든 일에 쉽게
적응할 수 있다. 마음의 능숙함은 거듭된 연습으로 기를 수 있다. 또
한 '마음의 능숙함'과 '몸의 능숙함'은 함께 성장한다.

18 ··· 몸의 굳건함 ··· kāya-ujukatā, 카야 우주카타

포기하지 않고 끝까지 해내는 의지가 있으며 심지가 올곧은 것을 뜻
한다. 목적을 위해 행동할 때 마음이 흔들리거나 우유부단한 태도를
취하지 않는 상태로, 마지못해가 아니라 "해보자!" 하고 주체적으로
임한다.

19 ··· 마음의 굳건함 ··· citta-ujukatā, 칫타 우주카타

포기하지 않는 마음, 불굴의 정신을 나타낸다. 아무리 실패를 맛보아
도 꺾이지 않는다. 유연함과 더불어 인간의 성장에 반드시 필요한 심
소다.

20 ··· 바른 말 ··· sammā-vācā, 삼마 와차

불교에서는 거짓말과 험담, 거칠고 과격한 말, 쓸데없는 잡담을 금지하는데, 이런 나쁜 말에서 멀어지는 것을 '정어正語', 즉 바른 말이라 한다. 뇌는 자신이 다른 사람에게 한 말과 다른 사람이 자신에게 한 말을 구별하지 못하기 때문에 누구의 입에서 나왔든 나쁜 말로 인해 타격을 입는다. 그러므로 다른 사람의 못된 말에 영향을 받지 않고, 본인의 말은 스스로 올바르게 다루어야 한다.

21 ··· 바른 행동 ··· sammā-kammanta, 삼마 캄만타

바른 행동은 곧 '정업正業'이라 한다. 여기서 업이란 몸과 마음으로 행한 온갖 일을 뜻하며, 정업은 '올바른 행동을 한다'는 의미다. 나 자신에게도 타인에게도 사회에도 해가 되지 않는 행위를 하는 것이다. 누구든 스스로의 행동에 책임을 지고 인생을 불행하게 만드는 행동을 해서는 안 된다.

22 ··· 바른 생계 ··· sammā-ājīva, 삼마 아지와

다른 말로는 '정명正命'이라 하며, 생을 이어나가는 행위(직업)를 뜻한다. 아무리 먹고살기 위해서라 해도 자신의 생명 또는 다른 생명을 해치거나 피해를 주는 일은 피해야 한다. 잠깐은 돈을 벌더라도 길게 보았을 때 마음이 깨끗하지 못하기 때문이다. 부처는 살생, 도둑질, 음탕한 짓, 나쁜 말, 무기를 만들고 파는 일, 술이나 마약을 만들고 파는 일, 살아 있는 생물을 사고파는 일을 금지했다.

23 ⋯ 연민 ⋯ karuṇā, 카루나

다른 사람의 고통과 걱정을 느끼는 것, 다른 생명을 고뇌에서 구하려는 의지와 힘을 가리킨다. '연민'의 심소는 남을 배려하는 마음을 길러주며, 이 심소가 자라나면 몸과 마음에 에너지가 가득 차올라 건강해진다.

24 ⋯ 함께 기뻐함 ⋯ muditā, 무디타

다른 사람의 성공과 행복을 함께 기뻐하는 것이다. 예를 들면 친구가 승진을 하거나 결혼을 하거나 아이를 낳았을 때와 같이 다른 사람에게 좋은 일이 생겼을 때 자신 또한 행복을 느끼는 마음을 가리킨다. 언뜻 보면 쉬워 보이지만, 무심코 자신과 비교하거나 질투를 느끼기 때문에 자못 어려운 일이다.

불교에서 가장 중요하게 여기는 심소다. 자신만의 생각이나 망상이
아니라 객관적인 시선으로 대상을 있는 그대로 인식하는 힘을 말한
다. 지혜가 있기에 다른 모든 심소가 올바르게 움직이며, 지혜를 기르
는 연습을 수행이라 부른다. 불교는 괴로움의 원인인 집착을 버리고
세상을 있는 그대로 바라보기 위해 지혜를 기르는 연습법이라 할 수
있다.

·············· • 다른 것과 함께 작용하는 심소 13가지 • ··············

모든 마음에 공통되게 작용하며 마음의 토대가 되는 7가지
심소 그리고 때때로 나타나 다른 심소와 결합하며 좋은 쪽으로
도 나쁜 쪽으로도 작용하는 6가지 심소가 있습니다. 이 13가지
심소를 알면 우리가 세상을 '인식하는' 원리가 명확해집니다.

1 ··· 접촉 ··· phassa, 팟사

마음이 대상에 닿는 것을 뜻한다. 사람은 눈, 귀, 코, 혀, 몸, 뜻(마음)이

라는 여섯 가지 감각 기관으로 대상을 인식하는데, 눈은 색과 형태, 귀는 소리, 코는 냄새, 혀는 맛, 몸은 열과 단단함, 뜻은 법(개념)과 접촉함으로써 마음 또한 대상에 가닿는다(인식한다).

2 … 느낌 … vedanā, 웨다나

접촉한 대상을 느끼는 것을 말한다. 설령 닿더라도 느끼지 않으면 대상을 인식하지 못한다. 좋아하는 음악을 귀에 담으면 기분이 좋아지고 싫어하는 사람을 보면 불쾌해지는 것이 곧 느낌이다.

3 … 인식 … saññā, 산냐

감지한 대상을 다른 대상과 구별하는 것을 가리킨다. 인식이란 분명한 말이 되기 전에 마음속에 떠오르는 인상과 같다. 이를테면 벚꽃과 단풍을 본 순간 둘을 구별하거나 나무에 달린 둥글고 빨간 열매를 '사과'라고 알아차리듯이 말이다. 정확하게 말을 이루기 전에 '이건 무엇이다'라고 생각하는 개념이다.

4 … 의도 … cetanā, 체타나

행동하고자 하는 정신의 작용, 순간적으로 나타나는 의지를 가리킨다. 인간은 마음속으로 생각한 것을 행동으로 드러내는데, 모든 행동은 자신의 의지에 따라 결정된다. 의지란 마음속에 떠올린 '무언가를 하고자 하는 생각'이다. 그중에서도 약한 것을 '의사(intention)', 강한 것을 '의지(will)'라 부른다.

5 ··· 집중 ··· ekaggatā, 에칸가타

대상에 정신을 집중해 하나가 되는 것을 뜻한다. 눈, 귀, 코, 혀, 몸, 뜻(마음)이라는 여섯 가지 감각 기관이 각각 보고 듣고 냄새 맡고 맛보고 만지고 생각하는 순간 심신이 대상과 하나가 된다는 의미다. 흔히 말하는 집중력과 달리 마음이 멋대로 여러 대상에 잇달아 순간적으로 집중하는 상태라 할 수 있다. 이 심소를 기르면 집중력이 되고, 반대로 제대로 기르지 못하면 정신이 산만해진다.

6 ··· 생명력 ··· jivitindriya, 지위틴드리야

마음이 시시각각 나타났다 사라지며 변화하는 작용을 가리킨다. 불교에서는 모든 것을 물질적인 것과 정신적인 것으로 나누어 생각하는데, 생명력에도 물질적인 신체의 생명 에너지와 정신적인 생명 에너지가 있다. 이 심소가 가리키는 생명력은 정신적인 에너지를 뜻한다. 삶은 신진대사를 거듭하며 세포가 새로이 만들어졌다 사라지기를 끊임없이 반복하는 일이며 이 과정이 멈추면 죽음이 찾아온다. 마음 또한 그때그때 생명을 가지고 생사와 변화를 거듭한다. 생명력이라는 심소는 이처럼 순간적으로 마음이 나타나 움직이는 작용을 뜻한다.

7 ⋯ 주의 ⋯ manasikāra, 마나시카라

'이건 뭘까?', '놀러 가자!', '쇼핑해야지'처럼 마음은 인상이 강한 대상 쪽으로 쏠리기 마련이다. '주의'란 이렇게 마음을 움직이는 작용을 뜻한다. 많은 사람은 심소의 인식에 휩쓸리며 살아가기에 온전히 자신의 의지대로 살지 못한다. 이에 부처는 "자신의 의지에 따라 살아라", "마음을 스스로 다스리면 자유롭게 살 수 있다"라고 이야기했다.

8 ⋯ 사유 ⋯ vitakka, 위탁카

대상을 즉시 구별하고 인식하는 정보 처리 능력을 말한다. '사유'란 '이건 뭘까?', '저건 무슨 소리지?' 같은 생각처럼 무언가를 인식할 때 순간적으로 나타나는 논리의 작용이다. 대상이 분명하거나 대상을 신경 쓰지 않을 때는 사유가 생겨나지 않는다.

9 ··· 고찰 ··· vicāra, 위차라

대상을 깊이 생각하는 것을 뜻하며, 앞서 살펴본 '사유'와 짝을 이루어 작용한다. '이건 뭐지?', '나비구나' 하고 인식하는 것이 사유라면, 고찰은 '이건 처음 보는 나비네?'처럼 대상에 어떤 감정을 품을 때 강하게 작용한다. 따라서 무언가를 명확하게 이해하고 싶을 때 작용하는 심소라 할 수 있다.

10 ··· 확신 ··· adhimokkha, 아디목카

무언가가 '자꾸만 신경 쓰이는' 마음의 작용으로, 집중력이 될 수도 집착이 될 수도 있다. 어떤 문제를 해결하고 싶다, 그는 왜 그런 말을 했을까, 새로 산 차가 빨리 나왔으면 좋겠다, 그 애는 어디에 살까…….이와 같이 좋은 의미로도 나쁜 의미로도 마음이 대상에게서 벗어나지 못하는 상태다.

11 ··· 정진 ··· vīriya, 위리야

목적을 이루기 위해 애쓰려 하는 에너지와 노력을 가리킨다. 인간은 욕심, 분노, 무지라는 세 가지 독 때문에 번뇌에 휩쓸리기 쉬운 탓에 자유롭지 못하고 목표를 달성하기가 어렵다. 정진이라는 심소를 기르면 어떤 일을 하고자 하는 의지가 단단해져 쉽게 목표를 이룰 수 있고 한층 자유로워진다. 다만 물질적인 방향에만 정진하고 마음을 맑게 하는 정신적인 정진을 게을리하면 괴로움의 악순환이 반복된다.

12 ⋯ 희열 ⋯ piti, 피티

'맛있다', '기분 좋다', '즐겁다'처럼 삶의 원동력이 되는 기쁨을 뜻한다. 이런 기쁨이 있는 사람은 노력할 줄 안다. 하지만 오감으로 얻는 기쁨에는 한계가 있으며, 신체의 감각 기관은 자극이 계속되면 이윽고 마비되고 만다. 처음에는 맛있어서 감동했던 음식도 여러 번 먹다 보면 점차 싫증이 나듯이 말이다. 기쁨은 시간과 돈을 들여 오감을 자극하려 애쓰지 않아도 내가 평소 생활하는 환경 속에서 얼마든지 찾을 수 있다.

13 ⋯ 의욕 ⋯ chanda, 찬다

하고자 하는 열의와 의지 그리고 생각을 행동에 옮기게 하는 마음의 작용을 말한다. 이 심소가 약해지면 행동할 수 없게 된다. 다만 의욕은 좋은 일에만 작용하는 것이 아니라 나쁜 일에도 작용한다. 수행은 나쁜 일을 하고 싶은 의욕을 없애고 '인격을 성장시키고 싶다'는 의욕을 기르는 일과 다름없다. 의욕을 기르면 하고 싶은 일을 무엇이든 척척 할 수 있게 된다.

옮긴이 지소연

일본어가 재미있어 일본어 교육을 전공하고 책이 좋아 출판사 편집자가 되었다. 책을 만들다 원문과 번역문 사이를 누비는 즐거움에 반해버렸고 그렇게 좋아하는 것을 좇다 보니 자연히 전문 번역가가 되었다. 지금은 바른번역 소속 번역가로 활동하며 재미있는 책을 기획하고 있다. 옮긴 책으로는 《꾸준함의 기술》, 《컨셉 수업》, 《팀 워커》, 《걷는 법을 바꾸면 통증이 사라진다》, 《우주에서 전합니다, 당신의 동료로부터》, 《내 남편은 아스퍼거 3》 등이 있다.

나라는 벽

초판 1쇄 인쇄 2025년 5월 14일
초판 1쇄 발행 2025년 5월 21일

지은이 다이구 겐쇼
옮긴이 지소연
펴낸이 최순영

출판1 본부장 한수미
와이즈 팀장 장보라
편집 김혜영
디자인 김준영

펴낸곳 ㈜위즈덤하우스 **출판등록** 2000년 5월 23일 제13-1071호
주소 서울특별시 마포구 양화로 19 합정오피스빌딩 17층
전화 02) 2179-5600 **홈페이지** www.wisdomhouse.co.kr

ISBN 979-11-7171-305-9 03100